SCHÖN&GESUND

STEFANIE REEB

wellCUISINE

SCHÖN & GESUND

REZEPTE UND BEAUTY-TIPPS FÜR STRAHLENDES AUSSEHEN

FOTOGRAFIEN VON
THOMAS LEININGER

INHALT

WAHRE SCHÖNHEIT KOMMT VON INNEN

Jeder Mensch ist schön. Das ist meine Überzeugung. Und wer sich heute nicht schön findet, hat zumindest das Potenzial, morgen seine ganz eigene Schönheit zu entfalten. Ich glaube, dass wahre Schönheit von innen kommt. Und zwar nicht in dem Sinne, dass ein unschönes Äußeres durch einen guten Charakter wettgemacht werden kann (wobei ein guter Charakter natürlich immer schön macht). Nein, ich glaube, dass wir alle auch äußerlich schön sein können. Ich spreche hier nicht von Schönheitsidealen. Es geht nicht um die perfekte Nase, den perfekten Augenabstand, um die perfekten Maße. Mir geht es um strahlende Augen, eine rosige, gut durchblutete Haut, einen federnden Schritt, ein Leuchten, das jeder spürt, wenn wir den Raum betreten.

»In jedem Menschen steckt eine tiefe Schönheit. Unsere moderne Kultur ist fixiert auf kosmetische Perfektion. Schönheit wird standardisiert, sie ist nur ein weiteres Produkt, das man kaufen kann. In ihrem eigentlichen Sinne ist Schönheit das Sichtbarmachen deiner Seele.«

John O'Donohue, Philosoph

In Wahrheit ist unsere äußere Schönheit nie abgetrennt von unserer inneren. Und sobald wir anfangen, beide getrennt voneinander zu betrachten, unterstützen wir eine Industrie, die uns nur zu gerne scheinbare Schnell- und Komplettlösungen für unser Aussehen anbietet. Die uns Make-up für unsere dunklen Augenringe verkauft, Conditioner für unsere spröden Haare und härtende Lacke für unsere brüchigen Nägel. Das alles hat seine Berechtigung (hey, nichts gegen einen guten Abdeckstift!), aber das sind nur kurzfristige Verschönerungsmaßnahmen, die uns im schlimmsten Fall zu einer Art Dr. Jekyll und Mr. Hyde machen – wunderschön bei Tag und farblos nach dem Abschminken.

Wahre Schönheit kommt von innen, denn was wir außen sehen, ist ein Abbild der Gesundheit oder Belastung unseres Körpers und damit auch eine Aussage über unsere innere Haltung. Der Rohkostpionier Dr. Norman Walker, der bei guter Gesundheit 116 Jahre alt wurde, war der Auffassung, dass eine gute Ernährung entscheidend ist für ein schönes und jugendliches Äußeres. Aber auch, dass man über möglichst viele der folgenden inneren Merkmale verfügen sollte: »Jugendlichkeit, Gesundheit, Energie, Vitalität und ein ständiges Lachen auf den Lippen und in den Augen ... Freundlich, herzlich und höflich gegenüber jedermann zu sein, ohne Ansehen des Glaubens, der Hautfarbe oder der sozialen Stellung. Es bedeutet, ständig aktiv zu sein, viele Eisen im Feuer zu haben, damit es keinen Augenblick gibt, den man als Last empfindet.«

»Sie sind, was Sie essen, und Sie sind so jung (oder so alt), wie Sie sich fühlen.«

Dr. Norman Walker, Autor und Rohkostpionier

In diesem Buch geht es mir um natürliche und ganzheitliche Lösungen für dauerhafte, sich immer weiter entfaltende Schönheit von innen wie von außen. Und alle Wege zu dieser Art von Schönheit führen zurück zur

Natur. Denn sie schenkt uns alle Zutaten, die uns gesund, strahlend und energiegeladen machen. Es ist eigentlich sehr einfach: Je weiter wir uns von der Natur entfernen, desto schwieriger machen wir es unserer Schönheit, sich in vollem Umfang zu zeigen, und je näher wir der Natur sind (auch unserer eigenen), desto schöner werden wir. Die Natur folgt ihrem eigenen, stetigen Rhythmus des Aufbaus, Zerfalls und der Neuentstehung. Und da unser Körper ein Teil der Natur ist, spiegeln sich diese Prozesse auch in ihm und seinen Zellen wider. Manchmal spüren wir diesen natürlichen Rhythmus nicht mehr, weil wir zu sehr abgelenkt sind von der Hektik und Geschäftigkeit des Alltags. Das Gute ist jedoch, dass wir immer wieder zur Natur zurückkehren können. Wie eine echte Mama steht sie immer mit weit geöffneten Armen da und wartet darauf, dass wir zu ihr kommen. Dafür müssen wir nicht aufs Land ziehen, nicht unseren Job kündigen und auch nicht im Mondlicht tanzen (wobei gegen keine dieser Maßnahmen grundsätzlich etwas spricht). Wir können jederzeit und in jeder Lebenssituation die Entscheidung treffen, mehr im Einklang mit der Natur zu leben. Indem wir entscheiden, selbst zu kochen anstatt stark verarbeitete Lebensmittel zu essen. Indem wir den Beipackzettel unserer Kosmetik aufmerksam lesen und ab und zu unsere Schönheitsprodukte aus natürlichen Zutaten selbst machen. Und indem wir unseren Körper bewegen und unseren Geist entspannen. Selbst kleine Veränderungen in diese Richtung werden mit der Zeit zu sicht- und spürbaren Ergebnissen führen.

»Je technologischer wir werden, desto mehr Natur brauchen wir.«

Richard Louv, Autor

Die Infos und Rezepte in diesem Buch basieren auf den neuesten wissenschaftlichen Erkenntnissen der Genetik, Zellforschung und Ernährungswissenschaft, aber genauso auf uraltem Menschheitswissen, das von Mutter zu Kind, Großvater zu Enkel und Guru zu Yogi weitergegeben wurde. Beide Welten, die wissenschaftliche und die traditionelle, faszinieren mich gleichermaßen. Zusammen genommen ermöglichen sie uns eine ganz neue und ganzheitliche Sicht auf die Wirkung unserer Nahrung und unseres Lifestyles auf unsere Schönheit. Mit diesem Buch will ich dir Rezepte und Beauty-Tipps mit auf den Weg geben, die sowohl von innen als auch von außen wirken und nicht nur dein Aussehen verbessern, sondern auch deine Gesundheit und dein Wohlbefinden.

»Es gibt nichts, was schöner, wertvoller oder bewusster wäre als Du selbst.«

Yogi Bhajan, Yogalehrer

Vergiss nicht: Du bist schön. Ich hoffe, dass dich dieses Buch zum Strahlen bringen wird!

Alles Liebe
Deine Stefanie

ÜBER DIESES BUCH

Bei meinen Rezepten fehlen die Kalorienangaben. Darauf werde ich oft angesprochen, deshalb hier der Grund dafür: Ich glaube nicht ans Kalorienzählen. Denn eine Handvoll Gummibärchen wird vom Körper ganz anders verstoffwechselt als eine Banane mit derselben Kalorienmenge. Das alte Kalorienmodell gilt mittlerweile als überholt. Forschungen haben gezeigt, dass Versuchspersonen, die zusätzlich zu einer Diät kalorienreiche Avocados oder Mandeln aßen, leichter abnahmen als die Vergleichsgruppe, die fettreduziert (und damit kalorienärmer) aß.

Es gibt da draußen eine beinahe unüberschaubare Fülle an Informationen, Erkenntnissen und Studien rund um das Thema Essen und seinen Einfluss auf unser Aussehen und unseren Alterungsprozess. Ich glaube aber, dass man alle Informationen auf ein Minimum eindampfen und zu diesen Erkenntnissen zusammenfassen kann:

1. Unsere Nahrung hat einen großen Einfluss auf unser Aussehen, weil sie die Beschaffenheit unserer Zellen, unserer Gene und unserer Hormone beeinflusst.

2. Das richtige Essen unterstützt unseren Körper dabei, sich selbst zu reinigen und keine unnötigen Giftstoffe anzusammeln, die letztlich zu Faltenbildung, fahler Haut und Haarausfall führen.

3. Eine gute Ernährung hat eine schützende und aufbauende Wirkung. Ihre Vitalstoffe und Antioxidanzien schützen uns vor den Auslösern aller Alterungserscheinungen: den freien Radikalen.

4. Auch Pflegeprodukte sind Nahrung im weitesten Sinne. Deshalb sollten die Zutaten für unsere Körperpflege ebenso gesund und natürlich sein wie die unseres Essens.

Diese vier Erkenntnisse bilden die Grundlage dieses Buches. Ich hoffe, dir damit einen kleinen Überblick zu geben, welchen Einfluss Nahrung auf dein Aussehen hat und was du tun kannst, um sie zu deinem Vorteil zu nutzen – sowohl innerlich als auch äußerlich. Im ersten Teil des Buches findest du Infos darüber, wie Essen auf unsere Zellen und unsere Hormone wirkt, wie du deinen Körper beim Entgiften unterstützen kannst und welche Nährstoffe das größte Potenzial für deine Schönheit entfalten.

Im zweiten Teil des Buches findest du Rezepte für die Schönheitsnahrung von innen und von außen. Die Gerichte sind größtenteils vegetarisch, viele vegan und glutenfrei. Alle äußerlichen Schönheitsanwendungen wie Gesichtsmasken, Peelings und Haarkuren bestehen aus natürlichen Zutaten.

Teil 1

WISSEN MACHT SCHÖN

»Schönheit ist etwas, das von innen kommt und sich in deinen Augen widerspiegelt.«

Sophia Loren, Schauspielerin

WIR KÖNNEN UNSERE GENE SCHÖN ESSEN

»Der Arzt der Zukunft wird den Menschen nicht mehr mit Medikamenten behandeln, sondern seine Gesundheit mit Nahrung erhalten oder wiederherstellen.«

Thomas Edison, Erfinder

Die dünnen Haare? Kommen vom Papa. Die frühen Falten? Hatte Mama auch schon. Lange Zeit haben wir unsere äußeren Merkmale allein auf unsere vererbten Anlagen geschoben. Doch das ist nur die halbe Wahrheit. Unser Gene mögen uns von Geburt an mitgegeben sein, sie sind allerdings nicht so unflexibel, wie wir lange dachten. Die wissenschaftlichen Richtungen der Epigenetik und der Nutrigenetik haben eindeutige Beweise dafür gefunden, dass sich unsere Ernährung und unser Lifestyle ganz direkt auf unsere Gene auswirken. Zwar verändern sie vielleicht nicht mehr unsere Augenfarbe, sehr wohl aber die Art und Weise, wie sich der Großteil unserer Gene ausprägt. Manche Wissenschaftler gehen sogar davon aus, dass unsere Ernährung und unser Lifestyle zu 80 Prozent darüber bestimmen, ob unsere Gene für oder gegen uns arbeiten. Und das wirkt sich auch auf unser Aussehen aus. Da unsere Gene die genauen Baupläne für alle Proteine unseres Körpers in sich tragen, beeinflussen sie unter anderem auch die Produktion von Kollagen für ein klares Hautbild und die Bildung von Keratin für glänzendes, kräftiges Haar.

Gene sind gewissenhafte Arbeiter und machen einen guten Job, solange man sie nicht stört. Ihnen geht es genauso wie dir, wenn du im Büro sitzt und eigentlich genau weißt, was du zu tun hast, aber ständig von Kollegen unterbrochen wirst, die dir Fragen stellen, dich ablenken und dir neue Aufgaben auf den Tisch legen. Irgendwann weißt du nicht mehr, wo dir der Kopf steht, du kommst zu nichts und machst Fehler. Genauso geht es deinen Genen, nur dass sie nicht von nervigen Kollegen gestört werden, sondern von Ernährungsdefiziten und Giftstoffen. Giftstoffe nehmen wir über die Luft, die Nahrung oder über die Haut auf oder produzieren sie sogar selbst, wenn wir extrem unter Stress stehen. Ernährungsdefizite entstehen in der Regel durch Nahrung, der es an wichtigen Vitaminen, Mineralstoffen, Fettsäuren oder anderen Vitalstoffen mangelt, die unsere Zellen zum Leben brauchen. Diese Störer hindern unsere Gene daran, ihren Aufgaben rund um unsere Gesundheit nachzukommen, und verleiten sie sogar dazu, zu mutieren und sich negativ auszuwirken. Das kann sich äußerlich an früher Faltenbildung und dünnem Haar zeigen und innerlich an kleinen bis großen gesundheitlichen Problemen.

DIE »WÄCHTER« UNSERER STAMMZELLEN HALTEN UNS JUNG

Alle Zellen unseres Körpers, angefangen bei den Stammzellen, enthalten einen Zellkern, in dem sich jeweils 23 Chromosomenpaare befinden. Die Chromosomen bestehen aus DNA und enthalten unsere Gene, die Erbinformation. Bei der Zellteilung – also wenn neue Zellen entstehen – werden sie repliziert, sprich verdoppelt, so dass jede Zelle wieder einen kompletten Satz Erbgut erhält. An den beiden Enden der Chromosomen befindet sich ein Wächter, der aufpasst, dass während dieses Prozesses kein wertvolles genetisches Material verloren geht. Das sind die sogenannten Telomere. Während jeder Replikation werden die Telomere ein Stückchen kürzer. Und wenn sie komplett aufgebraucht sind, stirbt die Zelle ab. Von außen nehmen wir das als Alterungsprozess wahr. Finden wir also eine Möglichkeit, die Lebensspanne unserer Telomere zu verlängern, dann bleiben wir auf tiefster genetischer Zellebene länger jung. Wissenschaftler konnten nachweisen, dass bestimmte Nahrungsmittel eine ganz unmittelbare Auswirkung auf Länge und Lebensdauer der Telomere haben. Und dass diese Substanzen sogar imstande sind, bereits verkürzte Telomere wieder zu verlängern und damit den Alterungsprozess rückgängig zu machen. Die Wirkung setzt sowohl ein, wenn die Lebensmittel gegessen als auch wenn sie von außen auf die Haut aufgebracht werden. Zu diesen Lebensmitteln gehören unter anderem: Avocados und Avocadoöl, Beeren, Eier, grüner Tee, Olivenöl, Kurkuma, Rosmarin, roher Kakao und rote Trauben.

Alle Lebensmittel, die reichlich Antioxidanzien enthalten, haben eine positive Wirkung auf die Länge und Lebensdauer unserer Telomere. *Weitere Infos zu Antioxidanzien findest du auf Seite 21.*

Eine Studie der chinesischen Nanjing-Universität hat herausgefunden, dass die RNA (Überträger genetischer Information) bestimmter Pflanzen den menschlichen Verdauungsprozess übersteht und in unser Blut übergeht, wo sie unsere Zell- und Genfunktionen beeinflusst. In der Studie konnte die RNA von Reis und von Kreuzblütengewächsen wie Brokkoli, Blumen- und Rosenkohl identifiziert werden.

DAS URALTE WISSEN VON DER AUSWIRKUNG UNSERES ESSENS AUF UNSERE GENE

Übrigens ist das Wissen darum, dass sich unsere Ernährung auf unser genetisches Material auswirkt, gar nicht neu. Vielleicht benutzen wir heute andere Worte dafür, aber in den meisten traditionellen Kulturen der Welt gab es spezifische Ernährungsempfehlungen für werdende Eltern, die darauf ausgerichtet waren, das Erbgut positiv zu beeinflussen. Dabei wusste man sogar, dass das Kind auf diese Weise nicht nur gesünder auf die Welt kommen würde, sondern auch attraktiver. Die Nahrungsaufnahme wurde nicht einzig als Mittel zur Energiegewinnung empfunden, sondern als heiliger Akt, der eine weitreichende Auswirkung auf das eigene Leben und das Leben der Kinder und Kindeskinder hat.

Die Epigenetik beweist, was Kräuterfrauen und Medizinmänner schon immer wussten: Unsere Gene treffen ihre täglichen Entscheidungen aufgrund chemischer Informationen, die sie durch unsere Nahrung erhalten. Und diese Informationen werden durch die Herkunft und die Verarbeitung unserer Nahrung beeinflusst. In unserem Körper und in unserem Aussehen spiegelt sich damit die Harmonie oder Dissonanz unserer Ernährungsweise wider.

»Essen ist weniger ein Kraftstoff als vielmehr eine Sprache, die Informationen der Welt übermittelt.«

Luke Shannahan, Autor

VOM FORSCHER, DER KARIES SUCHTE UND SCHÖNHEIT FAND

»Langlebigkeit ist nur erstrebenswert, wenn sie das Jungsein verlängert, nicht aber das Altsein in die Länge zieht.«

Alex Carrel, Nobelpreisträger für Medizin

Einer der frühesten Forscher, der sich mit dem Zusammenhang zwischen unserer Nahrung, unserer Gesundheit und unserem Aussehen beschäftigte, war der Zahnarzt Weston A. Price. Geboren 1870, untersuchte er viele Jahre lang zu Hause in Ohio den Ursprung zahnmedizinischer Probleme anhand von klinischen Studien und Tierversuchen. Dabei wurde er sich immer sicherer, dass unregelmäßig wachsende Zähne und körperliche Deformationen mit der Ernährung zusammenhängen müssen. Seine Vermutung war, dass eine ganz und gar natürliche Ernährung einen positiven Einfluss auf Zähne, Aussehen und Gesundheit hat. Um seine These zu beweisen, machte er sich auf die Reise zu den entlegensten Ecken der Welt, wo sich Völker ganz und gar abgeschieden vom Rest der Zivilisation von dem ernährten, was Erde und Wasser vor Ort hergaben. Sein Ziel war es, vom Zustand der Zähne die bestmögliche Ernährungsweise abzuleiten. Er schaute also in die Münder und Gesichter von Eskimos, Schweizer Bergbauern und australischen Ureinwohnern und erblickte: Schönheit. Die gerade gewachsenen und gesunden Zähne gehörten körperlich fitten und attraktiven Menschen. Trotz aller vorherigen Vermutungen war Price so erstaunt über seinen Fund, dass er bei einer seiner ersten Reisen in eine abgelegene Schweizer Bergregion notierte: »Man muss einfach erschüttert sein aufgrund der robusten körperlichen Konstitution und des wunderbaren Charakters dieser Bergleute. Es ist beeindruckend, was für hervorragende Frauen, Männer und Kinder die Natur mit Hilfe der richtigen Ernährung und einer passenden Umgebung hervorgebracht hat.« In seinen Studien erkannte Price, dass körperliche Schönheit einen ganz praktischen Nutzen hat. Denn ein gut geformter Kiefer ermöglicht zahnschonendes Kauen, ein harmonisch geformter Schädel bedingt einen optimalen Augenabstand, der die Sicht verbessert, und wohlgeformte Nasennebenhöhlen gewährleisten eine optimale Sauerstoffzufuhr.

Als Price von Ohio aus in die Welt losgezogen war, hatte er noch geglaubt, dass er irgendwo auf der Welt eine Gruppe von Menschen finden würde, deren Ernährungsweise besser war als die von allen anderen. Er hatte gehofft, ein Ernährungskonzept zu finden, das für alle Menschen als Optimum dienen könnte. Dem war allerdings nicht so. Stattdessen sah Price dieselbe blühende Gesundheit bei Menschen, die sich hauptsächlich von gesättigten (tierischen) Fettsäuren ernährten, wie bei Menschen, die hauptsächlich Gemüse aßen. Das Einzige, was alle einte, war, dass sie ihre Nahrung frisch aus der Natur zu sich nahmen. Die Tiere, die sie aßen, lebten entweder zuvor in der Wildnis oder wurden von ihnen gehalten und mit natürlichem Futter versorgt. Ihr Gemüse, Obst und Getreide wuchs ohne künstlichen Dünger und Pestizide in nährstoffreichem Boden. Sie verarbeiteten ihre Nahrung wenig und aßen sie in gekochtem oder rohem Zustand. Die Nahrung, die dem Organismus und Aussehen dieser Menschen am Ende so guttat, war selbst das Abbild einer natürlichen, harmonischen Symphonie, die den Genen und Zellen der Menschen offensichtlich die chemische Information gab, sich optimal zu verhalten.

»Ursprünglich wurde Nahrung als Medizin für den Menschen angesehen. Essen ist eine Arznei, die Balance herstellt.«

Yogi Bhajan, Yogalehrer

Um der Sache noch genauer auf den Grund zu gehen, untersuchte Price die Alltagsnahrungsmittel aller elf Völker, die er besucht und studiert hatte. Dabei fand er heraus, dass ihre Nahrung mindestens viermal mehr Mineralstoffe enthielt als die in den USA empfohlene Mindestmenge pro Tag. Der Magnesiumgehalt war sogar 7,9-mal höher und der Calciumgehalt 5,4-mal. Der Anteil an fettlöslichen Vitaminen war sogar zehnmal höher.

Was bedeutet das? Zuerst einmal, dass der Körper dieser Menschen nicht nur mit den nötigen Makronährstoffen (Eiweiß, Kohlenhydrate und Fette) versorgt war, sondern auch genügend Mikronährstoffe in Form von Mineralien, Vitaminen und Phytonährstoffen erhielt. Die große Menge an Vitaminen sorgte dafür, dass freie Radikale keine Chance hatten, wichtige Zellfunktionen zu stören (mehr Infos zu freien Radikalen und ihrem Einfluss auf den Alterungsprozess auf Seite 21). Der hohe Mineralstoffgehalt der Nahrung war mitunter dafür verantwortlich, dass das körperliche Säure-Basen-Verhältnis der Menschen in einer perfekten Balance blieb, was ganz entscheidend für gutes Aussehen und einen gesunden Körper ist.

Bis heute sind die Forschungen von Price noch richtungsweisend. Und interessant wird es dann, wenn wir wissen, wie wir seine Erkenntnisse auf unser Leben übertragen können – ganz egal, ob wir in einem abgeschiedenen Teil der Welt leben oder in einer Großstadt. Für mich sieht die Zusammenfassung seiner Erkenntnisse so aus:

»Reagieren wir wirklich allergisch auf unser Essen oder auf die Art, wie es verarbeitet wurde?«

Robyn O'Brien, Autorin

- Natürliche und wenig verarbeitete Lebensmittel sind am besten für unsere Gesundheit und unser Aussehen.
- Der Nährstoffgehalt des Bodens, in dem unsere Nahrung wächst, sollte möglichst hoch sein. Das spricht für biologische, am besten biodynamische Landwirtschaft.
- Wenn wir Fleisch oder Fisch essen, dann nur aus artgerechter Tierhaltung.
- Unsere Nahrung sollte so viele Mikronährstoffe (Mineralien, Vitamine, Phytonährstoffe) wie möglich enthalten.

SAUER MACHT HÄSSLICH

Wusstest du, dass nicht nur deine Nahrung Einfluss auf dein Säure-Basen-Gleichgewicht hat, sondern auch deine Gefühle? Stress, Sorgen, Ängste und Wut – aber auch extremer Sport – wirken säurebildend auf den Körper, Freude und Entspanntheit dagegen basenbildend.

Das sind basenbildende Lebensmittel: die meisten Gemüse, reife Früchte, Mandeln, gekeimte Nüsse und Hülsenfrüchte, Gewürze, Kräuter und Algen. Neutral bzw. ganz schwach säurebildend sind Quinoa, Amaranth, Buchweizen und Hirse; sie können gut als Beilage gegessen werden.

Das sind säurebildende Lebensmittel: tierisches Eiweiß, Getreide, Zucker, Kaffee, schwarzer Tee, Alkohol, kohlensäurehaltige Getränke, stark verarbeitete Fette, Fertigprodukte, Konservierungs- und Farbstoffe, Kochsalz.

Übrigens wirkt auch das Nikotin in Zigaretten stark säurebildend.

Im Unterschied zu den von Weston Price untersuchten Naturvölkern erzeugt unsere normale westliche Ernährung durch ihren hohen Anteil an Zucker, Weißmehl und stark verarbeiteten Lebensmitteln viel Säure im Körper. Man könnte fast sagen, dass unsere moderne Ernährung prädestiniert dafür ist, das Säuren-Basen-Verhältnis unseres Körpers zu stören. Der Großteil unseres Körpers ist auf ein leicht basisches Milieu angewiesen, um optimal zu funktionieren. Deshalb muss er überschüssige Säure sofort eliminieren. Für das Neutralisieren der Säure benötigt er Mineralstoffe, mit denen er die Säure zu einem Salz umwandeln kann, das den Organen nicht mehr schadet. Wenn wir nun viel säurebildende Nahrung zu uns nehmen (siehe Tabelle in der linken Spalte), dann benötigt unser Körper entsprechend viele Mineralstoffe, um diese Säuren zu neutralisieren. Enthält die Nahrung selbst wenige Mineralstoffe, dann entzieht er sie den Knochen, Zähnen und Organen. Passiert das über längere Zeit, dann wird nicht nur unsere Gesundheit, sondern auch unsere Schönheit extrem beeinträchtigt. Wir bekommen schlechte Zähne, unser Haar lichtet sich, unsere Haut wird faltig, wir sehen erschöpft aus und bekommen Krampfadern.

Doch nicht nur der Mineralstoffverlust ist ein echter Schönheitskiller, sondern auch die Art und Weise, wie unser Körper die überschüssigen Säuren ausscheidet oder ablagert:

- Werden große Säuremengen über die Haut ausgeleitet, dann führen deren ätzende Eigenschaften zu entzündlicher, geröteter und unreiner Haut bis hin zu Akne, Neurodermitis und Ekzemen.
- Die aus den Säuren neutralisierten Salze werden im Bindegewebe abgelagert, was zu Cellulite und Faltenbildung führt.
- Überschüssige Säure wird in Wasser eingelagert. So bilden sich Wasserablagerungen überall am Körper, die uns aufgedunsen aussehen lassen.

Was also können wir tun für ein ausgewogenes Säure-Basen-Verhältnis? Wir können uns auch hier wieder an der Natur orientieren. Das natürliche Säure-Basen-Verhältnis des Körpers besteht aus ca. 80 Prozent Basen und 20 Prozent Säuren. Wenn wir dieses Verhältnis bei der Wahl unseres Essens berücksichtigen und ca. 70 bis 80 Prozent basenbildende und 20 bis 30 Prozent säurebildende Nahrung zu uns nehmen (siehe Liste links), dann schaffen wir optimale Bedingungen, um unsere Schönheit zum Strahlen zu bringen.

SCHÖNHEITSHELFER AUS DER NATUR

Bio liegt beim Thema Antioxidanzien ganz weit vorne: Studien haben ergeben, dass Bio-Lebensmittel in der Regel 69 Prozent mehr Antioxidanzien enthalten als konventionelle Ware.

Schon seit Beginn der 1970er Jahre weiß man, dass Antioxidanzien den Körper bereits vor der Geburt vor späteren Alterungserscheinungen schützen. Eine Studie an Mäusen zeigte, dass Mäusekinder, deren Mütter während der Schwangerschaft antioxidanzienreiches Futter bekamen, auch als ältere Mäuse weniger Alterungserscheinungen zeigten als Mäuse, deren Mütter nährstoffarmes Futter bekommen hatten.

UV-Strahlen und Nikotin sind neben einer ungesunden Ernährung die größten Altmacher. Sie verursachen eine wahre Flut an freien Radikalen, die unserer Haut sichtbar schaden. Die UV-Strahlen bauen das für die Elastizität unserer Haut so wichtige Kollagen ab. Nikotin beeinträchtigt die Durchblutung der Haut und fördert so vorzeitige Zellschäden, was sich unter anderem an Faltenbildung und einem fahlen Teint bemerkbar macht.

Nicht nur eine ausreichende Versorgung mit Mineralstoffen, sondern auch mit Antioxidanzien, wie sie in frischen, am besten biologischen Lebensmitteln enthalten sind, ist ganz entscheidend für ein schönes Äußeres. Denn Antioxidanzien (zum Beispiel Vitamin C und E) schützen unsere Zellen vor der Schädigung durch freie Radikale. Freie Radikale gelten als Hauptverursacher der Hautalterung. Sie sind instabile Moleküle, denen ein Elektron fehlt. Deshalb klauen sie gesunden Zellen eines, die somit ihrerseits zu freien Radikalen werden. Diesen Vorgang nennt man oxidativen Stress. Er kann, wenn ihm kein Einhalt geboten wird, zu einer rasend schnellen Zellzerstörung führen – wenn da nicht die Antioxidanzien wären, die die freien Radikale neutralisieren, indem sie ihnen freiwillig ein Elektron abgeben, ohne dabei selbst zu einem freien Radikal zu werden.

Freie Radikale entstehen bei normalen körperlichen Prozessen wie zum Beispiel beim Atmen. Aber auch unsere Nahrung, Umweltbelastungen, Medikamente, Rauchen oder zu viel Sonnenlicht lässt die Anzahl der freien Radikale in unserem Körper sprungartig ansteigen. Jede unserer Zellen muss sich pro Tag gegen ca. 10.000 Angriffe durch freie Radikale wehren. Enthält unsere Nahrung wenige Antioxidanzien, sind unsere Zellen diesen Angriffen schutzlos ausgeliefert, und das führt nicht nur zu vermehrter Faltenbildung und zu einer frühen Ergrauung der Haare, sondern kann Entzündungen und Krankheiten bis hin zu Krebs begünstigen.

Unser Körper nimmt Antioxidanzien durch die Nahrung (zum Beispiel durch grünen Tee, Blaubeeren oder Karotten) auf. Studien an der Berliner Charité haben gezeigt, dass bereits kurz nach dem Verzehr einer gesunden Mahlzeit der Anstieg der Antioxidanzien im Gewebe messbar ist. Mit dem Stoffwechsel gelangen sie von innen in die Haut und schützen sie vor Alterungserscheinungen. Wir können unsere Haut aber auch von außen mit Antioxidanzien versorgen. Zum Beispiel mit Pflegeprodukten, die Vitamin A, C oder E enthalten. Dazu brauchen wir keine teure Creme, sondern können uns direkt aus der Natur bedienen, denn dort finden wir die Wirkstoffe in bester Qualität und ohne den Zusatz künstlicher Konservierungsstoffe (mehr dazu im Kapitel »Schön&strahlend« ab Seite 156).

Besonders wirksame Antioxidanzien für unsere Haut befinden sich in Gemüse, Salaten, Kräutern, Früchten, Sprossen, Wildpflanzen, Nüssen, Samen und natürlichen Ölen und Fetten. Antioxidanzien sind übrigens nicht gleich Vitamine. Sie können auch in Gestalt von Mineralien, Spurenelementen, Enzymen und sekundären Pflanzenstoffen auftreten.

HORMONE MÖGEN GUTE NAHRUNG

»Gewichtszunahme, Stimmungsschwankungen, Müdigkeit und mangelnde Lust auf Sex sind Zustände, die man nicht mit einer schnellen Injektion oder einem Medikament kurieren kann ... Das sind hormonelle Probleme, die bedeuten, dass uns unser Körper etwas mitteilen will.«

Sara Gottfried, Autorin

Der picklige Teenager oder die Frau in den Wechseljahren, die quasi über Nacht Falten bekommen hat? Das ist das Werk der Hormone. Hormone wirken aufbauend, stärkend und verjüngend auf alle Hautschichten. Sie beeinflussen die Regenerationsfähigkeit der Haut, die Bildung von Kollagen, die Wasserbindungsfähigkeit des Gewebes sowie dessen Durchblutung. Und wenn das empfindliche System der Hormone aus dem Gleichgewicht gerät, dann macht sich das neben zahlreichen körperlichen und psychischen Symptomen auch in unserem Aussehen bemerkbar. So ein Ungleichgewicht entsteht nicht nur in der Teenagerzeit oder in den Wechseljahren, sondern kann jederzeit auftreten und wird unter anderem durch unsere Ernährung und unseren Lifestyle beeinflusst.

Das sind häufig auftretende Symptome bei einem hormonellen Ungleichgewicht:

- merkliche Gewichtszu- oder -abnahme
- Hautunreinheiten
- Haarausfall
- Zyklusstörungen
- Stimmungsschwankungen und Depressionen
- Libidoverlust
- Müdigkeit
- Schlafstörungen
- starkes Schwitzen oder ständiges Frieren

Wie gut, dass wir unser hormonelles System durch unser Essen und unseren Lebensstil beeinflussen können. Denn ob wir uns dessen bewusst sind oder nicht, beides wirkt sich ganz direkt auf unser hormonelles System aus – entweder unterstützend oder störend.

Unsere Schilddrüsen-, Sexual- und Stresshormone sowie die Hormone Melatonin und Insulin haben die größte Auswirkung auf unser Erscheinungsbild und entscheiden darüber, wie jung oder alt wir wirken, ob wir dick oder dünn sind und wie viel Energie wir haben:

SCHILDDRÜSENHORMONE

Die Schilddrüse liegt im Hals unterhalb des Kehlkopfes. Sie produziert Hormone, die unter anderem den Stoffwechsel regulieren und Fettspeicher abbauen. Deshalb macht sich ein Ungleichgewicht der Schilddrüsenfunktion auch in unserem Aussehen bemerkbar. Produziert die Schilddrüse zu wenige Hormone (Unterfunktion), dann verlangsamt sich unser Stoffwechsel, wir haben wenig Energie, unsere Verdauung ist träge, uns ist ständig kalt, und wir nehmen stetig zu. Produziert die Schilddrüse zu viele Hormone (Überfunktion), dann läuft der Stoffwechsel viel zu schnell ab. Das macht uns nervös, wir verlieren Gewicht, die Haare fallen aus und wir leiden unter Durchfall. Ob eine Über- oder Unterfunktion deiner Schilddrüse vorliegt, kann dein Hausarzt über einen Labortest herausfinden.

Zu einer Störung der Schilddrüse bzw. zu einer Verschlechterung bestehender Beschwerden können auch die folgenden Faktoren beitragen: Störungen des Blutzuckerspiegels durch eine zuckerreiche Ernährung, chronische Entzündungen, ständiger Stress, Jodmangel oder -überschuss, die Einnahme von Medikamenten und von Hormonpräparaten.

Natürliche Maßnahmen zur Unterstützung der Schilddrüse bei einer Unterfunktion (kann bei extremen Beschwerden natürlich keine ärztliche Behandlung ersetzen):

- Tyrosinhaltige Lebensmittel essen (Tyrosin ist die Vorstufe der Schilddrüsenhormone) wie Nüsse, Erbsen und Bohnen.
- Progesteronfördernde Lebensmittel essen, da das Sexualhormon Progesteron Beschwerden einer Schilddrüsenunterfunktion lindert. Dazu gehören unter anderem Yams-Wurzel, Spargel, Karotten und Papaya inklusive Papayakerne.
- Gesunde, jodhaltige Lebensmittel auswählen wie grünes Blattgemüse, Brokkoli, Cashewkerne und Meeresalgen.
- Für ausreichend Bewegung sorgen, um den Stoffwechsel anzuregen.

Natürliche Maßnahmen zur Unterstützung der Schilddrüse bei einer Überfunktion (kann bei extremen Beschwerden natürlich keine ärztliche Behandlung ersetzen):

- Östrogenfördernde Lebensmittel wählen, da das Sexualhormon Östrogen Beschwerden einer Schilddrüsenüberfunktion lindert. Dazu gehören zum Beispiel Bio-Sojaprodukte, Linsen, Lein- und Hanfsamen.
- Tägliche Meditation beruhigt das nervöse Nervensystem.

MELATONIN

Die Zirbeldrüse sitzt in unserem Gehirn und bildet das Hormon Melatonin. Dieses wird überwiegend nachts ausgeschüttet und fördert unsere Regeneration während des Schlafs. Melatonin ist ein »Doppelagent«: Es ist nicht nur ein Hormon, sondern auch ein starkes Antioxidans und gilt unter Forschern als der heimliche Anti-Aging-Wunderstoff.

So aktivierst du deine Melatoninproduktion:

- Mindestens sieben bis acht Stunden Schlaf pro Nacht.
- In einem möglichst dunklen Raum schlafen.
- Melatoninfördernde Nahrungsmittel essen wie Quinoa, Amaranth, Hirse, Hafer, Walnüsse, Tomatenmark, Kürbis-, Sonnenblumen- und Cashewkerne.

Hast du häufig Heißhunger auf etwas Süßes oder ein Stück Pizza? Fühlst du dich nachmittags oft schwach und zittrig und hast das Gefühl, sofort etwas essen zu müssen? Dann kann es sein, dass du unter einem zu stark schwankenden Blutzucker- und damit auch Insulinspiegel leidest.

INSULIN

Wenn wir ein Eis oder ein Weißbrötchen essen, dann schnellt unser Blutzuckerspiegel ziemlich schnell und weit in die Höhe. Daraufhin schüttet unser Körper das Hormon Insulin aus, dessen Aufgabe es ist, den Zucker so schnell wie möglich aus dem Blut und in die Zellen zu befördern, wo er der Energiegewinnung dient. Essen wir nach dem Eis noch ein Stück Pizza und trinken zur Pizza noch eine Cola, dann schüttet unser Körper sehr große Mengen Insulin aus. Das kann auf Dauer nicht nur zu einer Insulinresistenz der Zellen und damit zu Diabetes führen, sondern auch die Entstehung von Entzündungen im Körper fördern. Entzündungen wiederum führen zu verschiedenen Erkrankungen und sind die Grundlage für vorzeitige Alterungsprozesse. Auch chronische Akne und andere entzündliche Hauterkrankungen können auf einen zu hohen Insulinspiegel zurückgehen.

Natürliche Maßnahmen zur Regulierung des Insulinspiegels:

- Natürliche und möglichst wenig verarbeitete Lebensmittel essen.
- Auf Lebensmittel und Getränke mit hohem Zuckergehalt und Produkte aus Weißmehl weitestgehend verzichten.
- Raffinierten Zucker durch blutzuckerfreundlichere Süßungsmittel ersetzen wie zum Beispiel Ahornsirup, Kokosblütenzucker, Honig, Birkenzucker oder Stevia.
- Mindestens drei Stunden Pause zwischen den Mahlzeiten einhalten (in der Zwischenzeit nur stilles Wasser oder ungesüßten Tee trinken), damit der Insulinspiegel wieder sinken kann.
- Den Kaffeekonsum reduzieren.
- Tägliche Bewegung, z. B. ein 20-minütiger Spaziergang oder 20 Minuten leichtes Yoga am Morgen.

SEXUALHORMONE

Unsere Sexualhormone sind uns quasi ins Gesicht geschrieben. Sie entscheiden darüber, wie feminin oder maskulin wir aussehen, wie kurvig, muskulös oder hager unser Körper ist und wie glatt oder faltig unsere Haut. Bei Frauen sind die wichtigsten Sexualhormone die Östrogene und das Progesteron. Die Östrogene sind in der ersten Zyklushälfte dominant und lösen den Eisprung aus. Sie sind dafür verantwortlich, dass eine Frau weiblich aussieht. Sie sorgen in der Pubertät für die Ausbildung der Brüste und eine weibliche Figur durch eine spezielle Verteilung des Körperfetts. Progesteron ist in der zweiten Zyklushälfte dominant und bereitet die Gebärmutterschleimhaut auf die Einnistung einer befruchteten Eizelle vor. Findet keine Befruchtung statt, sinkt der Progesteronspiegel wieder ab. Für Aussehen, Stimmung und Gesundheit von Frauen ist es wichtig, dass das Zusammenspiel von Östrogenen und Progesteron optimal funktioniert.

Dominiert ein Hormon das andere, führt das sofort zu merklichen Problemen, zum Beispiel zum Prämenstruellen Syndrom, das dann auftritt, wenn zu viele Östrogene produziert werden, und sich in Stimmungsschwankungen, Wassereinlagerungen und Spannungsschmerz in den Brüsten äußern kann. Auch in den Wechseljahren, wenn die Bildung der Sexualhormone zurückgeht, kann ein Ungleichgewicht von Östrogenen und Progesteron zu den bekannten Beschwerden wie Hitzewallungen, plötzlich auftretenden Alterungserscheinungen und Stimmungsschwankungen führen.

Das männliche Hormon DHT (Dihydrotestosteron) ist sowohl bei Männern als auch bei Frauen für viele Alterungsprozesse verantwortlich. So zum Beispiel für Haarausfall auf dem Kopf und unerwünschtes Haarwachstum an anderen Körperstellen (Stichwort Damenbart). Der DHT-Spiegel lässt sich allerdings durch eine leckere Maßnahme senken: Kürbiskernöl! Einfach öfters mal über den Salat oder die Suppe träufeln.

Der Körper eines Mannes produziert die männlichen Sexualhormone, die sogenannten Androgene. Ihr wichtigster Vertreter ist das Testosteron, das für eine männliche Optik, Stimmlage, Körperbehaarung und Zeugungsfähigkeit sorgt. Ist der männliche Testosteronspiegel zu niedrig, führt das zu einem Energiedefizit inklusive mangelnder Lust auf Sex, Potenzproblemen und allerlei äußerlichen Veränderungen wie der Entwicklung von Männerbrüsten.

Natürliche Maßnahmen zur Regulierung der Sexualhormone:

- Eine natürliche Ernährung mit viel Gemüse, grünem Blattgemüse, Obst, vollwertigem Getreide und Pseudogetreiden wie Quinoa oder Amaranth, Hülsenfrüchten, Nüssen und Kernen, hochwertigen Fetten von der Olive, Kokosnuss und Avocado sowie kleinen Portionen Bio-Fleisch und Fisch aus Wildfang oder nachhaltiger Fischerei als Quelle für Omega-3-Fettsäuren.
- Sogenannte Adaptogene (meist zu Pulver verarbeitete getrocknete Pflanzen und Wurzeln) wie Maca, Ashwaganda sowie das ayurvedische Shatavari für Frauen helfen bei der Regulierung des hormonellen Systems. Dabei haben die Mittel keine spezifische, sondern eine allgemein ausgleichende Wirkung auf die Hormone. Sie können teelöffelweise in Smoothies verarbeitet werden.
- Zucker, Alkohol, stark verarbeitete Lebensmittel und Kaffee nur in Maßen essen und trinken.
- Wenige Milchprodukte verzehren, da die in Milch enthaltenen Hormone das menschliche Hormonsystem durcheinanderbringen können.
- Tägliche Bewegung.
- Natürliche Pflegeprodukte ohne hormonell wirksame Stoffe nutzen (mehr Infos dazu auf Seite 41 unter »Parabene«).

Adaptogene wie Maca, Ashwaganda und Shatavari bekommst du in gut sortierten Bioläden und Reformhäusern oder im Internet.

Granatapfelkerne schmecken gut und helfen dabei, die Sexualhormone in der gesunden Balance zu halten. Besonders positiv wirken sie auf den weiblichen Fortpflanzungsapparat und haben bei regelmäßigem Verzehr eine verjüngende Wirkung auf die Organe.

Eine einfache Meditation gegen Stress:
Suche dir einen ruhigen Ort, an dem du für ein paar Minuten ungestört bist. Setz dich mit geradem Rücken (ohne dich anzulehnen) auf einen Stuhl oder im Schneidersitz auf den Boden. Die linke Hand liegt auf der Mitte der Brust. Der rechte Arm ist angewinkelt, die Handfläche auf Schulterhöhe. Zeigefinger und Daumen der rechten Hand berühren sich, die restlichen Finger zeigen zum Himmel. Du atmest tief durch die Nase ein, hältst den Atem kurz an, dann atmest du durch die Nase aus und hältst den Atem wieder kurz an. Das machst du 3 Minuten oder länger.

Das Video zu dieser Meditation findest du im Wellcuisine-YouTube-Kanal unter dem Titel »Meditation für ein ruhiges Herz«.

STRESSHORMONE

Unsere Stresshormone Adrenalin, Noradrenalin und Cortisol sind sehr praktische Botenstoffe, die unseren Körper im Notfall (also zum Beispiel beim Angriff eines Grizzlys) dazu veranlassen, alle Energie für die Flucht oder den Kampf bereitzustellen. Das heißt, sie sorgen dafür, dass die Verdauung unterbrochen wird, sie verengen die herznahen Gefäße, um die Kontraktionsfähigkeit des Herzens zu verbessern, sie erhöhen die Muskelkraft und gleichzeitig auch den Blutzuckerspiegel, um für mehr Energie zu sorgen. Das ist alles ganz toll, wenn der Stress nur kurz anhält und danach wieder eine längere Ruhephase eintritt. Haben wir aber täglich Stress und ist unser Körper ständig in Alarmbereitschaft, dann berauben wir uns all unserer Schönheitsenergie. Denn im Angesicht eines Grizzlys (oder eines Staus, quengelnder Kinder oder eines unangenehmen Kollegen ...) ist es unserem Körper ziemlich schnuppe, ob wir ein paar Falten mehr bekommen und ziemlich blass um die Nase aussehen.

Natürliche Maßnahmen zur Regulierung der Stresshormone:

- Eine natürliche Ernährung (siehe erster Punkt der Maßnahmen zur Regulierung der Sexualhormone auf Seite 26).
- Regelmäßige Meditationspraxis. Schon drei bis sieben Minuten Meditieren pro Tag machen einen nachweislichen Unterschied für unsere hormonelle Balance und unser Nervensystem.
- Tief atmen. Die meisten von uns atmen zu flach, was den Körper veranlasst, Stressreaktionen zu zeigen. Beim richtigen Atmen strömt die Luft durch die Nase ein, in die Lungen bis in den Bauch (dieser wölbt sich nach außen) und durch die Nase wieder aus, wobei sich der Bauch wieder Richtung Wirbelsäule einzieht.
- Tägliche Bewegung, vor allem nach stressigen Ereignissen, da der Körper Stresshormone durch Bewegung schneller abbauen kann.
- Mindestens zwei Liter stilles Wasser pro Tag trinken. Bei Stress trinken wir oft zu wenig, was seine negativen Auswirkungen verstärkt, da Flüssigkeitsmangel für den Körper Stress pur ist und sogar das Gehirn in seiner Leistungsfähigkeit beeinträchtigt.
- Den Kaffeekonsum auf eine Tasse täglich reduzieren, da Kaffee unsere Stresshormone aktiviert.

ENTGIFTEN ERSETZT DIE ANTIFALTENCREME

Wenn ich dir jetzt sage, dass Entgiftung und Ausscheidung für deine Gesundheit wichtig sind, nickst du bestimmt wissend und bist mit deinen Gedanken gleich wieder weg. Wenn ich dir aber sage, dass sie für deine Schönheit absolut relevant sind und du dir die ganzen Antifaltencremes sparen kannst, wenn du nicht gleichzeitig innerlich ausmistest, habe ich wahrscheinlich deine volle Aufmerksamkeit (stimmts?).

Unsere innere und äußere Schönheit stehen in direkter Verbindung miteinander. Nicht nur wie wir uns ernähren, sondern auch wie unser Körper die Nahrung verwertet und was er ausscheidet, steht uns quasi ins Gesicht geschrieben. Was wir essen, einatmen und über unsere Haut aufnehmen, wird im Körper sortiert wie bei Aschenbrödel: die guten ins Töpfchen, die schlechten ins Kröpfchen. Idealerweise nimmt der Körper die guten Nährstoffe auf und nährt seine Zellen damit. Giftstoffe und Abfall eliminiert er über den Stuhlgang, Urin oder Schweiß.

»Weil wir das Innere unseres Körpers nicht waschen können, müssen wir ein paar Techniken erlernen, mit denen wir unser Gewebe, unsere Organe und unseren Geist reinigen können.«

Sebastian Pole, Autor und Ayurveda-Therapeut

Da wir heutzutage zahlreichen Giftstoffen, chemischen Substanzen und Pestiziden ausgesetzt sind, muss unser Körper ziemlich schuften, um den ganzen Müll wieder nach draußen zu befördern. Gleichzeitig essen wir mehr stark verarbeitete Lebensmittel, die er schlechter verstoffwechseln kann und die ihm nicht die Nährstoffe (zum Beispiel natürliche Ballaststoffe, Mineralstoffe und Antioxidanzien) bieten, die er für seine Entgiftungsarbeit benötigt. Das führt dazu, dass der Körper nie ganz hinterherkommt mit seiner Selbstreinigung. Es bleiben immer Reste zurück.

Was aber passiert mit den Resten? Sie lagern sich unter anderem an der Darmwand ab. Dort bilden sie mit der Zeit die sogenannten Schlacken. Wenn wir uns über längere Zeit nicht gut ernähren, bildet unser Körper eine große Menge Schleim, um die in der Nahrung enthaltenen Schadstoffe darin einzuhüllen und auszuscheiden. Nur ein Teil dieses Schleims bleibt dauerhaft flüssig, der Rest verhärtet sich und lagert sich zusammen mit den unverdauten Essensresten an der Darmwand ab. Diese ist übersät von vielen kleinen Ausstülpungen, die Zotten genannt werden. Ihre Aufgabe ist es, die guten Nährstoffe unseres Essens aufzunehmen und sie in den Blutkreislauf zu überführen. Wenn die Zotten durch Speisereste und verhärteten Schleim verkleben, können sie dieser Aufgabe nicht mehr nachkommen. Dadurch kann der Körper wichtige Nährstoffe nicht mehr aufnehmen und kommt mit der Zeit in einen Mangelzustand. Er sendet jetzt verzweifelt Signale, dass er (echte) Nahrung braucht, und wir verspüren Heißhungerattacken und essen immer mehr, ohne auf der entscheidenden Ebene wirklich satt zu werden. Es ist also kein Widerspruch, dass wir gleichzeitig dick und auf Zellebene unterernährt sein können.

Die verhärteten Schichten im Darm blockieren aber nicht nur unsere Nährstoffaufnahme, sondern führen auch dazu, dass sich unsere Darmbewegungen verlangsamen und das Essen länger im Darm liegt, bevor es ausgeschieden wird. Wir bekommen Verdauungsprobleme. Du weißt, was passiert, wenn du ein Käsebrötchen im Hochsommer im Auto liegen lässt? Nach einigen Stunden stinkt es, dann gären seine Zutaten und faulen vor sich hin. Genau das Gleiche passiert in unserem etwa 36 Grad warmen Körper. Je länger sich unser Essen im Darm aufhält, desto fauliger wird es und desto mehr Gase und Giftstoffe entstehen. Das führt außer zu Blähungen auch zu Entzündungen im ganzen Körper, die auf Dauer nicht nur zu einem Problem für unsere Haut, sondern für unser gesamtes System werden können. So vermutete der Leibarzt von Elvis Presley, Dr. George Nichopoulos, in seinem Buch »The King and Dr. Nick«, dass sein Patient nicht an Herzversagen, sondern an chronischer Verstopfung gestorben ist. Bei der Autopsie seines Darms fanden die Ärzte vier bis fünf Monate alte Essensreste. Darunter angeblich große Mengen von Elvis' Leibspeise: Toastbrot mit Erdnussbutter.

Natürliche Maßnahmen für die Reinigung und Pflege der Darmwände:

- Gesunde Ballaststoffe in Gemüse, Früchten, Hülsenfrüchten, Kernen, Nüssen, Quinoa, Hafer oder Buchweizen verbessern die Verdauung und Entgiftung, indem sie vorhandene Ablagerungen an den Darmwänden lösen, Toxine binden und Giftstoffe aller Art ausscheiden. Zusätzlich sollte immer ausreichend Wasser getrunken werden, um die Ausleitung zu beschleunigen.
- Alles, was von Natur aus grün ist, hat eine entgiftende Wirkung. Verantwortlich dafür ist der grüne Pflanzenfarbstoff Chlorophyll, der in seiner Struktur unserem Blutfarbstoff Hämoglobin ähnelt. Um mehr Chlorophyll in deine Ernährung zu integrieren, kannst du öfters einen grünen Smoothie zum Frühstück trinken, grünes Blattgemüse essen, mit frischen Kräutern kochen und grünen Tee trinken.
- Milchsauer vergorene Lebensmittel wie Sauerkraut oder (pflanzliche) Joghurts stärken die gesunden Darmbakterien.

Zur Anregung einer trägen Verdauung oder als Reinigungsmaßnahme des Verdauungstrakts morgens 2 Teelöffel geschrotete Leinsamen und 1 Teelöffel Flohsamen in eine Tasse warmes Wasser mischen. 20 Minuten ziehen lassen, dann langsam auslöffeln. Danach ein großes Glas Wasser trinken (sonst hat das Ganze den gegenteiligen Effekt und verstopft zusätzlich).

BEWEGUNG ENTGIFTET

»Schönheit und Gesundheit erfordern nicht nur Bildung und Wissen, sondern auch Bewegung.«

Plato, Philosoph

Zusätzlich zu einer guten Ernährung können wir der Entgiftungsfunktion unseres Körpers mit Bewegung auf die Sprünge helfen. Denn eines der wichtigsten Systeme für die Entgiftung und Selbstreinigung unseres Körpers ist das Lymphsystem. Und das funktioniert eigentlich nur richtig gut, wenn wir uns bewegen. Das Lymphsystem durchzieht das Bindegewebe und nimmt Giftstoffe auf. Die Lymphflüssigkeit leitet sie aus dem Körpergewebe heraus und gibt sie an den Blutkreislauf ab, von wo aus sie entsorgt werden. Anders als das Blut wird unsere Lymphe allerdings nicht durch eine Pumpe angetrieben, sondern ist auf die Kontraktion unserer Muskeln angewiesen. Nur durch Bewegung bringen wir unser Lymphsystem auf Hochtouren und bewirken einen zügigen Abtransport der Schadstoffe. Wenn wir uns also wenig bewegen, werden die Abfälle langsamer ausgeschieden, so dass sich in der Zwischenzeit schon wieder neue ansammeln. Das blockiert auf Dauer unser Lymph- und damit auch unser Immunsystem. Denn Immunzellen bewegen sich normalerweise frei innerhalb des Lymphsystems. Werden sie jedoch behindert, kann das zu chronischen Entzündungen führen.

Natürliche Maßnahmen für ein gesundes Lymphsystem:

Wir Frauen lieben unsere Bügel-BHs, aber unsere Lymphe mag sie ganz und gar nicht. Ziehe daher öfters mal einen BH ohne Bügel an und vermeide damit, dass der Lymphfluss durch den engen Bügel gestört wird.

- Mach es wie die Kinder: Nimm dir ein Trampolin, mach Musik an und hüpfe, was das Zeug hält. Es gibt keine bessere (und spaßigere) Methode, um Giftstoffe langfristig loszuwerden. Mindestens 10 Minuten pro Tag sollten es sein.
- Wenn du (noch) kein Trampolin besitzt, dann schalte deine liebste Tanzmusik an und tanze mindestens 5 Minuten, am besten wild und mit vollem Körpereinsatz. Muss ja keiner zugucken ... Wenn du nicht tanzen magst, dann suche dir eine andere tägliche Bewegungsart, die dir Spaß macht. Alles, was vollen Körpereinsatz verlangt, ist gut für die Lymphe (siehe »6 Minuten Detox-Yoga« auf Seite 32).
- Gönne dir jeden Morgen eine Trockenbürstenmassage. Das stimuliert nicht nur das Lymphsystem, Giftstoffe schneller abzutransportieren, sondern regt auch die Durchblutung der Haut und des Bindegewebes an und entfernt abgestorbene Hautzellen. Dazu mit einer Trockenbürste den ganzen Körper für ca. 5 Minuten immer in Richtung Herz bürsten. Danach duschen.
- Auch mir gehen Menschen auf den Wecker, die ständig davon reden, dass ich mehr trinken soll. Aber was soll ich sagen: Deine Lymphe liebt Wasser. Also trink! Mindestens zwei Liter stilles Wasser pro Tag.

6 MINUTEN DETOX-YOGA

Diese 3 einfachen Übungen regen den Lymphfluss an und helfen deinem Körper beim Entgiften. Außerdem machen sie Spaß!

Abbildung 1 (siehe rechte Seite): Stell dich aufrecht hin, die Füße sind hüftbreit auseinander. Streck die Arme seitlich aus, die Handflächen zeigen nach vorne. Dann atme ein und drehe deinen Oberkörper nach links. Atme aus und drehe ihn nach rechts. Die Füße bleiben stabil auf dem Boden. Erhöhe nach und nach die Geschwindigkeit der Bewegung und atme dabei kraftvoll ein und aus. 2 Minuten.

Abbildung 2 (siehe rechte Seite): Stell dich aufrecht hin, stütze die Hände auf den Hüften auf und schleudere die gestreckten Beine abwechselnd so weit wie möglich nach diagonal oben – das rechte Bein nach diagonal links, das linke Bein nach diagonal rechts. 2 Minuten.

Abbildung 3 (siehe rechte Seite): Gehe in die Hocke und hebe die Fersen, so dass dein ganzes Gewicht auf den Zehenballen liegt. Die Fersen berühren einander, die Knie zeigen möglichst weit nach außen. Die Finger spreizen, Fingerspitzen zwischen den Knien am Boden aufstellen. Tief einatmen. Beim Ausatmen den Po heben und die Beine strecken, die Fersen auf den Boden senken. Der Scheitel zeigt nach unten, die Finger bleiben am Boden. Beim Einatmen wieder in die Ausgangsposition zurückkommen. Die Übung im Atemrhythmus kräftig und schnell mindestens 2 Minuten durchführen.

1

2

3

DETOXE DEINEN KÜCHENSCHRANK

Es gibt einige Lebensmittel, die es deiner Schönheit schwermachen, sich durchzusetzen, wenn du sie häufig isst. Das ist die schlechte Nachricht. Die gute Nachricht ist, dass du auf nichts verzichten, sondern nur umdenken musst. Denn für jedes dieser Lebensmittel gibt es leckere Alternativen oder ein paar Tipps und Tricks, wie du sie gesünder machen kannst.

WEISSER ZUCKER

Weißer Zucker steht mit unserer Haut auf Kriegsfuß. Er verursacht Altersflecken, Hautrötungen, einen fahlen Teint und vor allem Falten. An der Faltenbildung ist die Glykation schuld. So nennt man den Prozess, wenn sich die Endprodukte des Zuckers, die vom Körper nicht verstoffwechselt werden können, an die Gewebefasern der Haut heften und diese so verhärten, dass sich Falten bilden.

Alternativen zu weißem Zucker: zum Beispiel Ahornsirup, Honig und Kokosblütenzucker. Diese Süßungsmittel enthalten zwar natürlichen Zucker, darüber hinaus aber noch viele andere Vitalstoffe, was dafür sorgt, dass der Blutzuckerspiegel weniger stark ansteigt als bei weißem Zucker. Süßungsmittel, die kaum Einfluss auf den Blutzuckerspiegel haben, sind Stevia und Birkenzucker. Künstliche Süßstoffe wie Aspartam oder Saccharin sind übrigens keine gute Alternative zu weißem Zucker, denn sie bergen ihrerseits viele gesundheitliche Risiken.

Ich höre immer mal wieder von Leuten, dass ihre Kinder natürlich gesüßte Kuchen und Kekse zunächst ablehnen. Das liegt meist daran, dass sich ihre Geschmacksnerven bereits an den Industriezucker gewöhnt haben, der meist in verschwenderischem Ausmaß verwendet wird. Die Konsequenz sollte also nicht sein, wieder zu alten Gewohnheiten und weißem Zucker zurückzukehren, sondern den Geschmacksnerven Zeit zu lassen, sich umzugewöhnen. Das gleiche Phänomen trifft natürlich auch auf Erwachsene zu.

KOCHSALZ

Salz hat eine schlechte Reputation. Es wird in Zusammenhang gebracht mit hohem Blutdruck und einer Beeinträchtigung des Flüssigkeitshaushalts. Und tatsächlich ist das normale Koch- oder Tafelsalz, das jeder Supermarkt billig verkauft, ungesund für uns. Es ist stark verarbeitet, gebleicht und enthält chemische Zusätze, die es rieselfähig machen. Tatsächlich steigt der Blutdruck, wenn wir Kochsalz essen, da der Körper darauf wie auf einen Giftstoff reagiert. Gleichzeitig muss er das konzentrierte Salz mit Hilfe von wertvollem Zellwasser verdünnen, was zum Absterben von Zellen führt und somit Alterungsprozesse beschleunigt.

Alternativen zu Kochsalz: Natürliches Stein-, Kristall- oder Meersalz wirkt vollkommen anders auf den Körper als Kochsalz. Es unterstützt den Wasserhaushalt der Zellen, entsäuert und entgiftet, normalisiert den Blutdruck, die Verdauung und das hormonelle System. Und es enthält in seiner natürlichen Form mehr als 80 Mineralien und Spurenelemente.

ALKOHOL

Ein Glas Wein zum Essen oder ein Bier am Abend machen einfach Spaß. Trotzdem ist das richtige Maß entscheidend. Denn halten wir unsere Leber und unsere Entgiftungsorgane ständig mit Alkohol in Schach, dann kommen sie nicht mehr dazu, wichtige Ausscheidungsprozesse auszuführen, und das sieht man auf Dauer unserem Körper und vor allem unserer Haut an. Zusätzlich hat Alkohol eine dehydrierende Wirkung, was die Haut austrocknen und zu Falten führen kann. Ein Gläschen Rotwein oder ein kleines Bier können allerdings auch positive Effekte auf den Körper haben: der Rotwein durch das enthaltene Resveratrol, das ein Anti-Aging-Wirkstoff aus der Traube ist, und das Bier durch das Silizium, das für die Knochengesundheit wichtig ist, und durch den wie ein Östrogen wirkenden Hopfen, der die Straffung der Haut (vor allem nach den Wechseljahren) unterstützt.

Alternativen zu Alkohol: Wie gesagt, schadet niedrigprozentiger Alkohol in Maßen nicht (wobei Ärzte mit »in Maßen« von 0,2 l Wein oder Bier bei Frauen und 0,3 l bei Männern als Tagesdosis ausgehen), aber es ist hilfreich für ein strahlendes Aussehen, mindestens zwei bis drei Tage pro Woche gar keinen Alkohol zu trinken. Ein paar gute Alternativen für den Abend zu Hause, an dem du vielleicht normalerweise zum Weinglas greifen würdest, findest du im Kapitel »Schön&durstig« ab Seite 122.

KAFFEE

Pimpe deinen Kaffee: Trinke deinen Kaffee doch mal mit Kokosblütenzucker anstatt mit weißem Zucker, mit Mandelmilch statt mit H-Milch und einem 1/4 Teelöffel Zimt zur Regulierung des Blutzuckerspiegels.

Ist dir schon mal aufgefallen, dass du in den meisten mediterranen Ländern ein Glas Wasser zum Kaffee serviert bekommst? Das ist deshalb so sinnvoll, weil Koffein harntreibend wirkt und so zu einem Flüssigkeitsverlust führt, wenn du nicht gleichzeitig ausreichend Wasser trinkst. Tust du das nicht, kann Kaffee die Haut austrocknen und zu vorzeitiger Hautalterung führen. Die Empfehlung ist, mindestens zwei Gläser Wasser auf eine Tasse Kaffee zu trinken, um diesem Effekt ausreichend vorzubeugen. Kaffee ist genauso wie ein Stück Kuchen ein Genussmittel, deshalb sollte er auch in genussvoller (kleiner) Menge konsumiert werden, also am besten nur ein bis zwei Tassen pro Tag und nicht zu spät, damit das Koffein deinen erholsamen Schönheitsschlaf nicht stört.

Alternativen zu Kaffee: Ersetze doch mal deinen Cappuccino durch eine Kurkuma- oder Matchatee-Latte (siehe Rezepte Seite 128 und Seite 158). Beide haben entzündungshemmende Eigenschaften und sorgen für ein klares Hautbild. Matchatee enthält darüber hinaus die Aminosäure L-Theanin, die Alphawellen im Gehirn stimuliert, so dass du dich entspannt, angstfrei und konzentriert fühlst.

MILCH

Milch ist nicht per se ein ungesundes Lebensmittel, doch auf die Menge und individuelle Verträglichkeit kommt es an. Da viele Menschen unter einer oft unerkannten Laktose- oder Milchproteinunverträglichkeit leiden, wird Milch mit zahlreichen entzündlichen Symptomen in Verbindung gebracht. Zum Beispiel mit chronischen Verdauungsproblemen, Verschleimung der Atemwege und Akne. Ein weiterer Grund, öfter mal auf Milchprodukte zu verzichten, sind die in der Milch enthaltenen Hormone, die unser Hormonsystem durcheinanderbringen können.

Laktoseunverträglichkeit ist übrigens eine ganz natürliche Angelegenheit. Da Milch Babynahrung ist, produziert der Körper ab dem dritten Lebensjahr in der Regel immer weniger vom Laktose-spaltenden Enzym Laktase und stellt die Produktion gegebenenfalls sogar ganz ein.

Alternativen zur Milch: Glücklicherweise gibt es zahlreiche gute und gesunde Möglichkeiten, Kuhmilch zu ersetzen, darunter Mandelmilch, Hafermilch, Sesammilch, Kokos-Reis-Milch und viele mehr. Für den Milchkaffee oder für den Schwarztee eignet sich zum Beispiel Mandelmilch, die man im erhitzten Zustand auch gut aufschäumen kann. Milchprodukte von Ziege oder Schaf sind ebenfalls besser verträglich als Kuhmilch, aber natürlich nur dann, wenn keine Laktoseintoleranz vorliegt.

TRANS-FETTSÄUREN

Was haben Pommes, Supermarkt-Kekse, Blätterteig und Backmargarine gemeinsam? Sie enthalten in der Regel Trans-Fettsäuren. Diese entstehen bei der chemischen Härtung von Fetten, um eine bessere Streichfähigkeit oder Haltbarkeit zu gewährleisten. Auch bei der Erhitzung mehrfach ungesättigter Fettsäuren (zum Beispiel Leinöl oder Weizenkeimöl) oder bei der falschen Lagerung von ungesättigten Fettsäuren (zum Beispiel Olivenöl) bei zu viel Wärme und Licht entstehen die schädlichen Transfette. Sie fördern Entzündungen im Körper und damit auch allerlei Krankheiten. Gefährlich sind sie vor allem deshalb, weil unser Körper sie mit gesunden Fettsäuren verwechselt und als Bausubstanz für seine Zellen verwendet. Das führt dazu, dass elastische Zellmembranen plötzlich unelastisch werden und wichtige Zellfunktionen blockieren.

Alternativen zu Trans-Fettsäuren: Kaufe keine Fertigprodukte, auf deren Label etwas von »gehärteten« Fetten steht, denn dahinter verbergen sich Trans-Fettsäuren. Um selbst nicht versehentlich Trans-Fettsäuren zu erzeugen, solltest du zum Braten am besten gesättigte Fettsäuren wie Kokosöl oder Ghee verwenden. Das einfach ungesättigte Olivenöl kann ebenfalls zum Kochen und Backen genutzt werden, allerdings nur bis zu einer Temperatur von 180 °C. Öle, die überwiegend mehrfach ungesättigte Fettsäuren enthalten, wie Hanf-, Sesam-, Soja-, Weizenkeim- oder Leinöl sollten dunkel und kühl aufbewahrt und kalt verarbeitet werden.

Es existiert ein großer Unterschied zwischen Fleisch, das mit dem EG-Öko-Siegel ausgezeichnet ist, und Ware mit einem Siegel der anerkannten Bio-Verbände (zum Beispiel Demeter, Bioland, Naturland, Bio-Suisse und Bio-Austria), denn bei Letzteren gelten weitaus strengere Richtlinien für Haltung und Fütterung der Tiere.

Die einfachste Alternative zu Softdrinks ist Aqua fresca. Dafür füllst du eine Karaffe mit stillem Wasser und gibst ein paar (unbehandelte) Zitronenscheiben, Minzeblätter, Gurkenscheiben oder Erdbeerstücke hinzu.

FLEISCH AUS KONVENTIONELLER TIERHALTUNG

Fleisch aus konventioneller Haltung enthält allerlei unschöne Nebenprodukte wie Rückstände von Antibiotika, Hormone und eine wahre Fülle an entzündungsfördernden Omega-6-Fettsäuren, die Gesundheit und Schönheit auf Dauer schaden.

Alternativen zu Fleisch aus konventioneller Haltung: Wer auf Fleisch nicht verzichten möchte, der kommt an Bio-Fleisch nicht vorbei. Das Fleisch von grasgefütterten Rindern (Achtung: Bio-Rindfleisch muss nicht unbedingt von grasgefütterten Rindern stammen) hat beispielsweise im Vergleich zu dem von Rindern aus Massentierhaltung ein viel ausgewogeneres Omega-3- zu Omega-6-Fettsäuren-Verhältnis, was sich positiv auf potenzielle Entzündungen auswirkt. Auch Fische aus nachhaltiger Fischerei sind eine geeignete Alternative und gute Quelle von Omega-3-Fettsäuren.

SOFTDRINKS

Ein Glas Cola, Fanta oder Sprite enthält entweder tonnenweise Zucker oder künstliche Süßstoffe, die den Stoffwechsel verlangsamen und dick machen. Außerdem befinden sich in Softdrinks Phosphate, die nachweislich zur Hautalterung beitragen.

Alternativen zu Softdrinks: Eine der gesündesten Alternativen zu Softdrinks ist stilles Wasser. Wem das zu langweilig ist, probiert eines der Rezepte aus dem Kapitel »Schön&durstig« ab Seite 122.

STARK VERARBEITETE LEBENSMITTEL UND FERTIGMAHLZEITEN

Konservierungs- und chemische Zusatzstoffe in stark verarbeiteten Lebensmitteln verhelfen nur dem Essen selbst zu einer langen Haltbarkeit. Unsere Schönheit konservieren sie leider kein bisschen. Abgepackte Chips, Kekse, Riegel, Cracker und Fertigmahlzeiten enthalten so ziemlich alles, was unserem Körper einerseits viel Arbeit macht und ihm andererseits nichts von den Vitalstoffen liefert, die er für seine Arbeit braucht. Dadurch vernachlässigt er nicht nur seine Schönheitsreparaturen, sondern leert auch auf Dauer seine Mineral- und Vitalstoffdepots, was eine beschleunigte Alterung zur Folge hat.

Alternativen zu stark verarbeiteten Lebensmitteln und Fertigmahlzeiten: alle Rezepte in diesem Buch. Wenn du dich dauerhaft gesund ernähren willst, ist allerdings ein wenig Vorbereitung gefragt. Also am besten immer gleich größere Portionen Suppe oder selbstgemachte Cracker zubereiten und vorrätig halten, wenn der plötzliche Heißhunger kommt.

DETOXE DEINEN BADEZIMMERSCHRANK

Ist es nicht interessant, dass wir uns über unsere Ernährung so viele Gedanken machen und dabei oft ganz vergessen, dass alles, was wir auf unsere Haut und in unser Haar schmieren, ebenso Einfluss auf unseren Organismus hat? Ich ernährte mich schon viele Jahre sehr bewusst, als ich mir zum ersten Mal Gedanken darüber machte, ob die Creme, die ich benutze, und die Zahnpasta, mit der ich meine Zähne putze, meinen sonst so hohen Erwartungen an Inhaltsstoffe gerecht werden. Mein Eindruck ist, dass es vielen von uns so geht. Die wenigsten von uns lesen die Labels ihrer Pflegeprodukte mit derselben Intensität, mit der sie die Zutatenliste einer Packung Kekse studieren. Gleichzeitig ist es auch gar nicht so einfach, aus dem Beipackzettel einer Bodylotion schlau zu werden, selbst wenn wir uns die Mühe machen, die Inhaltsstoffe aufmerksam durchzulesen.

Wenn es uns allerdings ernst damit ist, unseren Körper nachhaltig zu entlasten und regelmäßig bei seiner Entgiftung zu unterstützen, sollten wir genauer hinsehen, womit wir unser größtes Organ – unsere Haut – füttern. Denn unsere Haut absorbiert alles, womit sie in Berührung kommt, und leitet es in den Blutkreislauf weiter.

»Wähle Lebensmittel aus, die dich von innen heraus schön machen. Anstatt dich von außen mit chemiebeladenen Pflegeprodukten zu umhüllen, versuche lieber, deine Haut durch natürliche Nahrung zu verbessern.«

David Wolfe, Autor

Das Problem unserer Pflegeprodukte und Kosmetik ist, dass sie sehr lange halten sollen. In der Regel nämlich viel länger als unsere Nahrung. Aus diesem Grund enthalten sie viele Konservierungsmittel, die giftig oder sogar krebserregend sind. Im Folgenden habe ich eine Liste zusammengestellt, die dir einen groben (und sicherlich nicht vollständigen) Überblick über potenziell giftige Substanzen in Pflege- und Kosmetikprodukten geben soll. Ich weiß aus eigener Erfahrung, dass es zuerst oft schwer ist, ein vertrautes und – oberflächlich betrachtet – wirksames Produkt auszutauschen. Allerlei Sorgen kommen dabei hoch: Wird das neue Deo auch funktionieren? Oder fange ich mitten im Meeting an, nach Schweiß zu riechen? Was ist, wenn die neue Mascara nicht hält und ich mit dunklen Ringen unter den Augen herumlaufe? Bei mir hat es oft einige Versuche gekostet, bis ich eine gesunde und wirksame Alternative zu meinen bisherigen Produkten gefunden hatte. Die Geduld zahlt sich aber aus, denn wir tun unserem Körper einen echten Gefallen, wenn wir weitestgehend auf Gifte im Badezimmer verzichten. Das wird dir spätestens dann klar, wenn du die Risiken und Nebenwirkungen der Inhaltsstoffe »ganz normaler« Pflegeprodukte liest. Mittlerweile habe ich aus der Not eine Tugend gemacht und habe unheimlich viel Spaß dabei, einfache Pflegeprodukte selbst herzustellen. Meine besten Rezepte findest du ab Seite 156.

DIE GIFTIGSTEN INHALTSSTOFFE IN KOSMETIK- UND PFLEGEPRODUKTEN

In wissenschaftlichen Studien wird Aluminium in Pflegeprodukten mit der Entstehung von Brustkrebs und der Alzheimer-Demenz in Verbindung gebracht.

ALUMINIUM

Aluminium ist in vielen konventionellen Deos enthalten, da es das Schwitzen und den Schweißgeruch unterbindet. Natürlich schwitzt keiner besonders gern, aber unsere Achselhöhlen gehören nun mal zu den Körperzonen, über die wir zusammen mit dem Schweiß Giftstoffe ausscheiden. Wenn ein Deo das Schwitzen unterbindet, sammeln sich die Toxine im Körper, und gleichzeitig kommen weitere hinzu, unter anderem das Aluminium selbst. Unter den Achseln liegen viele Lymphknoten. Dort sammeln sich die Giftstoffe auf Dauer an und werden so zu einer echten Gefahr für unsere Gesundheit.

DEA (DIETHANOLAMIN)

DEA ist ein schaumbildender Inhaltsstoff und wird unter anderem in Shampoos (auch Babyshampoos), Rasierschaum und Reinigungsmitteln verwendet. Es gilt schon länger als erwiesen, dass DEA zusammen mit Nitrat krebserregende Nitrosamine entstehen lässt. Neueste Studien weisen sogar darauf hin, dass DEA auch ohne den Zusatz von Nitraten kanzerogen wirkt.

DUFTSTOFFE

Duftstoffe befinden sich in fast allen Kosmetika, außer in besonders deklarierten Produkten. Viele davon wirken stark allergen und haben einen störenden Einfluss auf unseren Hormonhaushalt. Besonders (synthetische) Moschusdüfte stehen unter dem Verdacht, nerven- und leberschädigend zu sein. Da Duftstoffe einer der häufigsten Allergieauslöser sind, empfiehlt es sich, bei neuen Kosmetikprodukten genau auf die Reaktion des Körpers zu achten. Denn leider lassen sich die exakten Duftstoffe nicht anhand des Labels feststellen, da sie nicht deklarationspflichtig sind.

FARBSTOFFE

So gut wie alle Kosmetikprodukte sind eingefärbt, und das mit teils giftigen Substanzen. Die schädlichsten erkennt man an den Endungen »anilin« oder »anilid« wie beispielsweise Acetanilid oder »amine« und »diamine« wie in Laurylamine. Leider sind sogar die Farbstoffe in Lippenstiften oft extrem krebserregend, was bedenklich ist, wenn du dir überlegst, dass Frauen im Laufe ihres Lebens angeblich circa 3,5 kg Lippenstift schlucken (wer stellt eigentlich solche Statistiken auf?).

FLUORID

Ich weiß, was dein Zahnarzt sagt: Deine Zähne brauchen Fluorid, um gesund und stark zu sein. Ich sage dir jetzt, was mein Zahnarzt kürzlich zu mir gesagt hat (ohne zu wissen, dass ich schon seit Jahren kein Fluorid mehr benutze): »Frau Reeb, Sie haben die besten Zähne, die ich seit langem gesehen habe.« Als ich zum ersten Mal hörte, dass Fluorid giftig sein soll, war ich extrem skeptisch. Wie kann es sein, dass unsere Zahnpasta, die wir schließlich jeden Tag im Mund haben, giftig ist? Das würde doch kein Mensch zulassen. Leider doch. Sind dir schon mal die Warnhinweise auf deiner Zahncreme-Verpackung aufgefallen? Die sagen, dass du die Zahncreme nicht schlucken darfst? Die gibt es leider nicht ohne Grund. Fluorid ist ein Abfallstoff und schwer abbaubares Umweltgift aus der chemischen Industrie und wird von unabhängigen Wissenschaftlern schon lange als Giftstoff bezeichnet. Glücklicherweise gibt es einige Bio-Kosmetikmarken, die Zahnpasta ohne Fluorid anbieten.

»Fluorid verursacht häufiger und schneller Krebs beim Menschen als jede andere chemische Substanz.«

Dr. Dean Burk, Krebsforscher

FORMALDEHYD/-ABSPALTER

Formaldehyd und seine Abspalter sind Binde- und Konservierungsmittel, die in vielen Lacken, Möbelpolituren und Haushaltsreinigern verwendet werden. In der Kosmetik ist Formaldehyd grundsätzlich verboten, wird aber in bestimmten chemischen Zusammensetzungen oft doch als pilzabtötendes Mittel eingesetzt und bei Hautkontakt wieder freigesetzt. Vor allem in Cremes und Make-up, Nagellack, Deo, Shampoo, Haarfärbemitteln oder Flüssigseifen kann Formaldehyd vorkommen. Es gilt als einer der größten Auslöser für Allergien und wird mit Asthma, Depressionen, Schwindel, Kopf- und Gelenkschmerzen sowie Entzündungen der Haut in Verbindung gebracht. Andere Bezeichnungen für Formaldehyd und seine Abspalter sind: DMDM-Hydantoin, Diazolidinyl Urea, Imidazolidinyl Urea, Bronopol (2-Bromo-2-nitro-1,3-propandiol), Quaternium-15, Sodium Hydroxymethylglycinate, Methenamine, 2,4-Imidazolidinedione und Bronidox (5-Bromo-5-nitro-1,3-dioxane).

MINERALÖL

Mineralöle (auch Paraffine, Paraffinum Liquidum, Petrolatum, Cera Microcristallina, Ceresin, Silicone Quaternium, Vaseline oder Ozokerit) werden häufig für Cremes, Seifen und Reinigungstücher verwendet. Sie legen sich wie ein geschmeidiger Film über die Haut und vermitteln das Gefühl, die Haut zu befeuchten und weicher zu machen. In Wahrheit verhindern sie aber die Sauerstoffaufnahme der Haut und die Ausscheidung von Giftstoffen, wodurch die Hautalterung beschleunigt wird. Oft findet sich Mineralöl übrigens auch in Pflegeprodukten für Kinder und Babys und behindert deren natürliche Hautregulation.

TIPP: Die vom BUND entwickelte APP ToxFox gibt Verbrauchern Auskunft darüber, ob ein Kosmetikprodukt hormonell wirksame Substanzen enthält oder nicht.

PARABENE

Parabene (auch Methylparaben, Ethylparaben, Propylparaben, Butylparaben, Isobutylparaben, Isopropylparaben und Benzylparaben) sind in Kosmetika eingesetzte Konservierungsstoffe mit hormoneller Wirkung. Dadurch, dass sie das Hormonsystem beeinflussen, werden sie mit zahlreichen körperlichen Störungen in Verbindung gebracht. Zum Beispiel mit dem »Rückgang der Spermienqualität und -anzahl, bestimmten hormonbedingten Krebsarten wie Brust-, Prostata- und Hodenkrebs, verfrühter Pubertät bei Mädchen sowie Verhaltensauffälligkeiten bei Kindern«, so heißt es in einer Studie des BUND (Bund für Umwelt und Naturschutz Deutschland), in der über 60.000 Kosmetikprodukte getestet wurden. Dabei fanden die Forscher in jedem dritten Produkt hormonell wirkende Parabene.

PEG (POLYETHYLENGLYKOL)

PEGs werden aus Erdölderivaten gewonnen. Sie sorgen dafür, dass Pflegestoffe von der Haut besser absorbiert werden. Dadurch schleusen sie nicht nur gute Pflege-, sondern auch Schadstoffe in den Körper. PEGs sind immer mit einer Nummer versehen. Je niedriger diese Nummer, desto leichter wird das PEG von unserer Haut aufgenommen.

SODIUM-LAURYL-SULFATE

Sodium-Laureth-Sulfate (auch Sodiumlaurylsulfat, Natriumlaurylsulfat) ist in Shampoos, Haarspülungen, Zahnpasta und vielen Körperreinigungsmitteln enthalten. Es wird auch in der Industrie zur Entfettung schwerer Maschinen verwendet, du kannst dir also ungefähr seine aggressive Reinigungswirkung vorstellen. SLS kann zu Augenreizungen, Ausschlägen, Schuppen und Haarausfall führen. In Kombination mit anderen Inhaltsstoffen kann es krebserzeugende Nitrosamine bilden, die sich im Herz, den Lungen und in der Leber ablagern.

SONNENSCHUTZFILTER

Einige Stoffe, die im Sonnenschutzmittel als Lichtfilter wirken und unsere Haut schützen sollen, sind inzwischen selbst in den Verdacht geraten, Hautkrebs zu verursachen. Die folgenden Begriffe sollten deshalb besser nicht auf der Zutatenliste deiner Sonnencreme stehen: Oxybenzon, Benzophone, Begriffe mit der Endung »benzoyl«, 4-MBC, OMC, Bp-3. Übrigens solltest du auch deine normale Tagescreme auf diese Substanzen überprüfen, da sie oft verwendet werden, um Hautflecken vorzubeugen, die durch andere chemische Inhaltsstoffe der Creme in Kombination mit Sonnenlicht entstehen können.

FUTTER FÜR DIE SCHÖNHEIT

Wie sieht Nahrung für die Schönheit aus? Gut natürlich! Denn sie ist vielseitig, frisch, natürlich und liefert dir alle Nährstoffe, die deine Haut, dein Haar und deine Nägel brauchen. Die Makronährstoffe (Kohlenhydrate, Proteine und Fette) liefern deinem Körper seine grundsätzlichen Bausubstanzen, während die Mikronährstoffe (Vitamine, Mineralien, Enzyme und Phytonährstoffe) ihn unterstützen und all seine Funktionen verbessern.

KOHLENHYDRATE

Komplexe Kohlenhydrate liefern dir nicht nur Energie, sondern auch gesunde Ballaststoffe, die dein Magen-Darm-System pflegen und gesund erhalten.

Kohlenhydrate haben einen schlechten Ruf, weil die meisten Menschen dabei sofort an weißen Zucker, Toastbrot und gezuckerte Cornflakes denken – alles stark verarbeitete Lebensmittel, die den Blutzuckerspiegel extrem in die Höhe treiben, das Säure-Basen-Verhältnis des Körpers durcheinanderbringen und Entzündungen fördern. Es gibt aber eine Vielzahl an Kohlenhydraten, die nicht nur deiner Gesundheit, sondern auch deiner Schönheit guttun. Die sogenannten komplexen Kohlenhydrate lassen den Blutzuckerspiegel langsamer ansteigen und liefern eine Vielzahl gesunder Vitalstoffe. Dazu gehören unter anderem Hafer, Hirse, Reis, Mais, Buchweizen und Quinoa, außerdem Gemüse und Früchte.

EIWEISS

Eiweiß füttert deine Zellen und baut die Stoffe (Kollagen, Elastin, Keratin) auf, die dein Haar, deine Haut und deine Nägel jung und schön halten. Umso wichtiger ist es, dass das Eiweiß aus guten und qualitativ hochwertigen Quellen stammt. Diese können pflanzlichen Ursprungs sein wie Amaranth, Quinoa, Hülsenfrüchte, Algen, Nüsse, Erbsen oder Hanfsamen, aber auch von Tieren stammen wie Bio-Eier, Wildlachs sowie Fisch und Fleisch aus artgerechter Haltung.

FETTE

Eine ausgewogene Fettversorgung besteht aus einer Mischung aus einfach ungesättigten Fettsäuren (zum Beispiel Olivenöl), mehrfach ungesättigten Fettsäuren (z. B. Lein- oder Sesamöl) und gesättigten Fettsäuren (z. B. natives Kokosöl oder Ghee).

Was für ein Glück für deine Schönheit, dass die Zeiten vorbei sind, in denen vor Fett gewarnt wurde und fettreduzierte (stark verarbeitete) Lebensmittel die Supermarktregale und Kühlschränke eroberten! Schließlich ist Schönheit ganz ohne Fett schlicht nicht möglich. Ohne Fett fehlt der Haut die Spannkraft, den Nägeln die Stabilität und dem Haar Elastizität. Und nicht nur das: Die Membranen all deiner Zellen werden mit gesunden Fettsäuren aufgebaut. Also her mit dem guten Fett! Diese Lebensmittel sollten in deiner Küche nicht fehlen: Olivenöl, natives Kokosöl, Avocados, Nüsse, Fisch aus nachhaltiger Fischerei sowie Chia-, Hanf- und Leinsamen.

VITAMINE

Die 13 bekannten Vitamine sind echtes Schönheitsfutter, denn sie sind an den unterschiedlichsten Funktionen im Stoffwechsel beteiligt, schützen unsere Zellen und regulieren sogar unsere Gene.

VITAMIN:	SCHÖNHEITSAUFGABEN:	QUELLEN:
VITAMIN A	• Unterstützt den Aufbau und die Reperatur von Hautzellen. • Reduziert die Faltenbildung. • Schützt die Haut vor Schädigungen durch freie Radikale. • Beugt Sonnenschäden vor.	Eier, Fisch, Karotten, Süßkartoffeln, Kürbis, Spinat, Grünkohl, Romanasalat (in Obst und Gemüse ist Beta-Carotin enthalten, das im Körper zu Vitamin A umgewandelt wird).
VITAMIN B_1 (THIAMIN)	• Verbessert die Durchblutung und Nährstoffversorgung der Haut. • Sorgt für einen rosigen Teint.	Bohnen, Erbsen, Linsen, Fleisch, Kartoffeln, Pilze, Spargel, Spinat, Sonnenblumenkerne.
VITAMIN B_2 (RIBOFLAVIN)	• Hilft bei der Zellerneuerung. • Baut Haut und Schleimhäute auf.	Brokkoli, Eier, Hefe, Pilze, Spargel, Spinat, Vollkorngetreide.
VITAMIN B_3 (NIACIN)	• Unterstützt die Sauerstoffversorgung der Haut. • Hilft bei der Wundheilung.	Algen, Eier, Erbsen, Fisch, Geflügel, Fleisch, Grünkohl, Pilze, Kaffee.
VITAMIN B_5 (PANTOTHEN-SÄURE)	• Baut Bindegewebe und Schleimhäute auf. • Fördert das Haarwachstum und baut Haarpigmente auf. • Beruhigt gereizte Haut. • Hilft bei Ekzemen.	Avocado, Blumenkohl, Eier, Pilze, Kartoffeln, Vollkorngetreide.
VITAMIN B_6 (PYRODOXIN)	• Reguliert den Wasserhaushalt im Gewebe. • Bewahrt die Haut vor dem Austrocknen. • Sorgt für eine frische Hautfarbe.	Bananen, Blumenkohl, Fisch, Haselnüsse, Hülsenfrüchte, Kartoffeln, Paprika, Rosenkohl, Sellerie, Spinat, Zucchini.
VITAMIN B_7 (BIOTIN)	• Kräftigt Haut, Haar und Nägel. • Fördert das Haarwachstum.	Avocado, Eier, Hefe, Sojabohnen, Nüsse, Spinat.

VITAMIN:	SCHÖNHEITSAUFGABEN:	QUELLEN:
VITAMIN B_9 (FOLSÄURE)	• Sorgt für ein gesundes Zellwachstum. • Verhilft zu einem rosigen Teint.	Brokkoli, Eier, Endiviensalat, Linsen, Spinat, Grünkohl, Walnüsse.
VITAMIN B_{12}	• Unterstützt die Sauerstoffversorgung der Haut. • Sorgt für ein frisches Hautbild.	Algen, Eier, Fisch, Fleisch, Miso.
VITAMIN C (ASCORBIN-SÄURE)	• Hilft beim Aufbau von Kollagen (Bestandteil von Haut, Knochen, Knorpel, Zähnen). • Schützt die Haut vor freien Radikalen. • Fördert die Wundheilung.	Ananas, Erdbeeren, Gojibeeren, Grünkohl, Kiwi, Papaya, Paprika, Rosenkohl, Spinat, Zitrusfrüchte.
VITAMIN D	• Unterstützt die Regeneration der Haut. • Baut ihre Immunfunktion auf. • Schützt die Haut vor freien Radikalen. • Beugt Entzündungen vor.	Eier, Fisch, Pilze. Außerdem wird das Vitamin von der Haut selbst produziert, sobald sie mit Sonnenlicht in Berührung kommt.
VITAMIN E	• Schützt die Haut vor freien Radikalen. • Ist fettlöslich und dringt so in die tieferen Hautschichten ein und schützt sie vor oxidativem Stress und frühzeitiger Alterung.	Avocados, Nüsse, Oliven und Olivenöl, Papayas, Pfirsiche, Spinat, Sonnenblumenkerne, Tomaten.
VITAMIN K (K_1 und K_2)	• Hilft gegen dunkle Augenringe. • Hat eine heilende Wirkung bei Couperose und Rosacea.	Vitamin K_1: Basilikum, Brokkoli, Blumenkohl, grüne Blattgemüse, Gurke, Petersilie, Rosenkohl, Rotkohl, Spargel, Spinat. Vitamin K_2: Natto (fermentiertes Sojabohnenprodukt), Eier, Fleisch.

MINERALIEN UND SPURENELEMENTE

Haut, Haar und Nägel können nur dann gesund sein und bleiben, wenn wir sie mit den richtigen Mineralien und Spurenelementen aus unserer Nahrung versorgen.

MINERAL:	SCHÖNHEITSAUFGABEN:	QUELLEN:
CALCIUM	• Kräftigt Haar, Nägel und Zähne. • Unterstützt den Aufbau neuer Hautzellen und die Wundheilung.	Brokkoli, Feigen, Hülsenfrüchte, Grünkohl, Mandeln, Sesam.
EISEN	• Unterstützt die Bildung roter Blutkörperchen und versorgt die Haut mit Sauerstoff. • Kräftigt das Haar.	Algen, Fleisch, Hafer, Hanfsamen, Hirse, Grünkohl, Linsen, Petersilie, Walnüsse, Wassermelone.
KUPFER	• Baut das Bindegewebe auf. • Unterstützt die Gesundheit von Haaren, Haut und Nägeln. • Hilft bei der Pigmentierung von Haut und Haar.	Ananas, Aprikosen, Cashewkerne, Kichererbsen, Gojibeeren, grünes Blattgemüse, Kartoffeln, Kokosprodukte, Kürbiskerne, Linsen, Tahini.
SCHWEFEL	• Unterstützt die gesunden Hautfunktionen. • Klärt Hautunreinheiten.	Eier, Fisch, Knoblauch, Radieschen, Rotkohl, Rucola, Zwiebeln.
SELEN	• Schützt die Hautzellen vor Schädigungen durch freie Radikale. • Baut Haar und Nägel auf.	Eier, Fisch, Fleisch, Kokosprodukte, Hafer, Hirse, Sonnenblumenkerne, Sesam.
SILIZIUM	• Bindet die Feuchtigkeit in der Haut und lässt sie prall erscheinen. • Erhöht das Haarvolumen. • Sorgt für Elastizität und Spannkraft des Bindegewebes.	Hirse, Hafer, Gerste, Kartoffeln.
ZINK	• Klärt Hautunreinheiten. • Reguliert den Fettgehalt der Haut. • Wirkt Hautrötungen entgegen.	Chiasamen, Fisch, Kichererbsen, Kürbiskerne, Pilze, Spinat, Quinoa, Walnüsse.

SEKUNDÄRE PFLANZENSTOFFE

Sekundäre Pflanzenstoffe regulieren den Stoffwechsel der Pflanzen und pflegen unsere Gesundheit und Schönheit, wenn wir sie über die Nahrung zu uns nehmen.

PFLANZENSTOFF:	SCHÖNHEITSAUFGABEN:	QUELLEN:
ANTHOCYANE	• Machen die Haut elastisch und beugen Falten vor. • Schützen die DNA.	Blaubeeren, Cranberries, Pflaumen.
CAROTINOIDE	• Wirken als natürlicher Sonnenschutz. • Sind die Vorstufe des Hautschutz-vitamins A.	Aprikosen, Papaya, Süßkartoffel, Karotten, Kürbis, Tomaten, Spinat, Paprika.
CATECHINE	• Schützen die Haut vor oxidativem Stress. • Beugen der Faltenbildung vor.	Grüner Tee, roher Kakao.
FLAVANOIDE (z. B. GINGEROL & KAEMPFEROL)	• Wirken entzündungshemmend. • Verlangsamen die Hautalterung.	Endiviensalat, Fenchel, Ingwer.
GLUCOSINOLATE (ALLICIN & SULFORAPHAN)	• Beugen der Faltenbildung vor. • Wirken entzündungshemmend. • Regenerieren die Haut nach dem Sonnenbad.	Blumenkohl, Brokkoli, Knoblauch, Lauch, Kohlrabi, Wasserkresse, Zwiebeln.
PHENOLSÄURE (CAPSAICIN, CURCUMIN, ELLAGSÄURE)	• Wirkt entzündungshemmend. • Beugt der Faltenbildung vor.	Cayennepfeffer, Chili, Kurkuma, Granatapfel, Erdbeeren, Himbeeren.
RESVERATROL	• Aktiviert Enzyme, die die Haut reparieren und vor Schädigungen schützen. • Wirkungsvoller Anti-Aging-Stoff.	Himbeeren, Maulbeeren, Pflaumen, rote Weintrauben, Rotwein.

WEITERE SCHÖNHEITSHELFER

WIRKSTOFF:	SCHÖNHEITSAUFGABEN:	QUELLEN:
ALPHA-LIPON-SÄURE	• Starkes Antioxidans. • Schützt die Haut vor Alterungsprozessen. • Wirkt entzündungshemmend. • Lindert hormonell bedingte Hautprobleme.	Brokkoli, Fleisch von Rindern aus Grasfütterung, Spinat.
CoQ10	• Stärkt die Zellmembranen. • Wirkt oxidativem Stress entgegen.	Makrelen, Mandeln, Knoblauch, Sardinen, Sesam, Walnüsse.
GLUTATHION	• Schützt die Haut vor Schädigungen durch freie Radikale. • Schützt das Erbgut. • Entgiftet den Körper.	Artischocken, Avocado, Blumenkohl, Brokkoli, Grapefruit, Lauch, Kurkuma, Spargel, Spinat, Sprossen, Wasserkresse.
OMEGA-3-FETT-SÄUREN	• Wirken entzündungshemmend. • Stärken die Zellmembranen. • Regulieren die Fettproduktion der Haut. • Klären das Hautbild. • Unterstützen die Schutzfunktionen der Haut.	Algen, Chiasamen, Leinsamen, Hanfsamen, Fisch, Walnüsse.
PROBIOTIKA	• Erleichtern die Aufnahme der Schönheitswirkstoffe über die Darmschleimhaut. • Verbessern das Hautbild durch die Pflege der Darmflora. • Regen den Stoffwechsel und die Ausscheidung von Giftstoffen an.	Fermentierte Lebensmittel wie Sauerkraut, Kimchi und Joghurt.
WASSER (H_2O)	• Verbessert die Spannkraft der Haut, beugt Faltenbildung vor. • Regt den Stoffwechsel an. • Leitet Giftstoffe aus. • Verbessert die Aufnahme von Nährstoffen.	Wasser und Pflanzenwasser in wasserhaltigem Obst und Gemüse wie zum Beispiel Gurke, Apfel, Sellerie, Wassermelone etc.

Teil 2

SCHÖNHEITSREZEPTE FÜR INNEN UND AUSSEN

»Eleganz entsteht, wenn das Innere genauso schön ist wie das Äußere.«

Coco Chanel, Modedesignerin

SCHÖN&WACH

Frühstücksrezepte für einen strahlenden Start in den Tag

»APFELKUCHEN« ZUM FRÜHSTÜCK

Das ist die Art von Frühstück, die ich an einem kühlen Morgen liebe: warme Äpfel, Zimt- und Ingweraromen und eine Handvoll geröstete Nüsse und Haferflocken. Der Geschmack von Apfelkuchen darf aber nicht darüber hinwegtäuschen, dass dies ein sehr ausgewogenes Frühstück ist, das den Stoffwechsel anregt und unserer Schönheit einen Guten-Morgen-Kuss gibt.

Für 2 Personen:

Für die warmen Äpfel:
2 mittelgroße Bio-Äpfel
1 EL Zitronensaft
200 ml Wasser
2 TL frisch gehackter Ingwer

Für das Crumble:
1 EL natives Kokosöl
2 EL Haferflocken (bei Bedarf glutenfrei)
2 EL gehackte Walnüsse
2 EL Sonnenblumenkerne
1 EL Kokosblütenzucker
1 TL Zimtpulver

Zeitaufwand:
ca. 20 Minuten

Die ungeschälten Äpfel waschen, vierteln, entkernen und in dünne Scheiben schneiden. Mit Zitronensaft beträufeln und mit Wasser und gehacktem Ingwer in einem Topf zum Köcheln bringen. Bei geschlossenem Deckel 5 Minuten bei mittlerer Hitze köcheln lassen.

Für das Crumble das Kokosöl in einer Pfanne erhitzen und die restlichen Zutaten unter Rühren hinzufügen. Alles ca. 3 Minuten rösten, dabei weiterrühren.

Die warmen Äpfel in 2 Schalen füllen und mit Crumble bestreut servieren.

FOOD PHARMACY **ÄPFEL**

Äpfel tun auf mehreren Ebenen Gutes für unsere Schönheit. Das in ihnen enthaltene Pektin schützt die Darmwand und bindet Giftstoffe, die der Körper dann leichter ausscheiden kann. Das Quercetin in der Apfelschale hat eine hautverschönernde Wirkung, da es freie Radikale unschädlich macht und die Haut unter anderem vor Schädigungen durch UV-Strahlen schützt.

Stärkt das Bindegewebe

Kräftigt das Haar

HAFERWAFFELN MIT HIMBEER-CHIA-MARMELADE

Waffeln sind seit einiger Zeit mein Lieblingsfrühstück, und zwar nicht nur am Wochenende. Eine Kopie dieses Rezepts liegt immer in etwas ramponierter und verkleckster Form auf meiner Küchentheke, so dass ich morgens gleich loslegen kann. Das geht dann wirklich superschnell, und sobald mein Earl-Grey-Tee fertig gebrüht ist, liegt auch schon eine duftende, warme Waffel auf meinem Teller. Die esse ich dann mit meiner Himbeer-Chia-Marmelade und ein paar Beeren oder saisonalen Früchten.

Für 3–4 Waffeln:

Für die Himbeer-Chia-Marmelade:

200 g Himbeeren, frisch oder aufgetaut
2 EL Chiasamen
3 EL Ahornsirup, Grad A

Für die Waffeln:

150 g Hafermehl (alternativ: Buchweizenmehl)
2 TL Weinstein-Backpulver
1/4 TL Salz
180 g ungesüßtes Apfelmus
2 Eier (vegane Alternative: 1 EL Maisstärke und 4 EL ungesüßtes Apfelmus)
80 g natives Kokosöl, geschmolzen (plus etwas mehr zum Ausreiben des Waffeleisens)

Zeitaufwand:

ca. 20 Minuten plus 2 Stunden Wartezeit

Die Himbeer-Chia-Marmelade am besten schon am Vortag zubereiten: Alle Zutaten in der Küchenmaschine oder mit dem Pürierstab pürieren. In ein Schraubglas füllen, verschließen und mindestens 2 Stunden (oder über Nacht) im Kühlschrank quellen lassen. Die Marmelade hält sich im Kühlschrank ca. 5 Tage lang.

Am nächsten Morgen alle Waffel-Zutaten glatt miteinander vermischen und ca. 5 Minuten ruhen lassen.

Das Waffeleisen mit etwas Kokosöl ausreiben und vorheizen.

Den Teig portionsweise in das Waffeleisen geben und backen, bis die Waffel gebräunt ist und sich leicht vom Eisen löst. Dann die nächste Waffel backen.

Die fertig gebackenen Waffeln können im vorgeheizten und wieder ausgeschalteten Backofen warm gehalten werden. Die Waffeln mit der Himbeer-Chia-Marmelade servieren.

WELLCUISINE-TIPP: Um morgens Zeit zu sparen, kannst du die Waffeln auch am Abend zubereiten, abkühlen lassen und dann einfrieren. Dann musst du sie morgens nur noch zum Auftauen in den Toaster stecken – und genießen.

FOOD PHARMACY **HAFER**

Hafer arbeitet schon morgens beim Frühstück im Sinne deiner Schönheit, denn er enthält reichlich Mineralien und Spurenelemente für ein strahlendes Aussehen: Mangan hält dein Haar gesund, Eisen stärkt die Nägel, und Selen sorgt für elastische Haut.

Aktiviert den Zellschutz   Festigt die Nägel

»OVERNIGHT OATS« 4-MAL ANDERS

Über Nacht eingeweichte Haferflocken sind ein echter Klassiker (ich sage nur Birchermüsli). In den letzten Jahren haben sie allerdings auf den Foodblogs dieser Welt unter dem Pseudonym »overnight oats« eine echte Renaissance erlebt und sind jetzt so hip wie noch nie. Eigentlich ist es mir ziemlich egal, wie modisch mein Essen ist, Hauptsache, es schmeckt gut. Und »overnight oats« tun genau das. Kombiniert mit verschiedenen Fruchtsaucen schmecken sie heute so neu wie vor 100 Jahren, als der Schweizer Max Bircher-Benner das Birchermüsli erfand.

Für 2 Personen:

Für die »overnight oats«:
100 g Haferflocken, Feinblatt
2 EL Chiasamen
1/8 TL Salz
350 ml ungesüßte Hafermilch
1 Apfel
1 EL Zitronensaft

Zeitaufwand:
ca. 15 Minuten plus mindestens 2 Stunden Einweichzeit

Die Haferflocken in einer Schüssel mit Chiasamen, Salz und Hafermilch vermischen. Über Nacht oder mindestens 2 Stunden abgedeckt im Kühlschrank quellen lassen.

Den Apfel grob raspeln, mit Zitronensaft beträufeln und unter die Haferflockenmischung rühren.

Eine der Fruchtsaucen aussuchen und alle dafür nötigen Zutaten miteinander in der Küchenmaschine pürieren.

In 2 Gläsern abwechselnd »overnight oats« und Fruchtsauce übereinanderschichten. Mit der Fruchtsauce abschließen.

Für die Kiwisauce:
4 Kiwis, geschält und gewürfelt
1 EL Ahornsirup, Grad A

Für die Papaya-Orangen-Sauce:
200 g Papaya, geschält, entkernt und gewürfelt
1 Orange, geschält und in Stücke geschnitten
1 EL Ahornsirup, Grad A

Für die Erdbeersauce:
300 g Erdbeeren (frisch oder aufgetaut), Strunk entfernt
1 EL Ahornsirup, Grad A

Für die Blaubeersauce:
300 g Blaubeeren (frisch oder aufgetaut)
1 EL Ahornsirup, Grad A

WELLCUISINE-TIPP: Die Fruchtsauce kann auch am Vorabend zubereitet und bis zum Verzehr kühl gestellt werden.

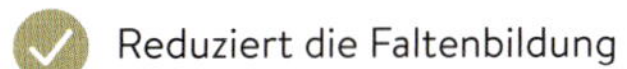
Reduziert die Faltenbildung

Beugt Sonnenschäden vor

SÜSSKARTOFFEL-PFANNE MIT SPIEGELEI

Ein Freund, dem ich dieses Rezept zum Testen gab, schrieb mir zurück: »HAMMER. Was für Männer. Deftig, sättigend, glücklich machend.« Dem kann ich nicht viel hinzufügen, außer dass du für dieses Frühstück ein wenig planen musst, da die Süßkartoffeln am Vorabend gekocht werden sollten. Dafür hast du aber am nächsten Morgen ein Frühstück auf dem Tisch, das (nicht nur) Männer glücklich macht.

Für 2 Personen:

Für die Süßkartoffel-Pfanne:
500 g Süßkartoffeln
1 EL Olivenöl
2 Frühlingszwiebeln, in Ringe geschnitten
1 Knoblauchzehe, geschält und gehackt (optional)
200 g Tomaten, gewürfelt
ca. 3/4 TL Salz
frisch gemahlener schwarzer Pfeffer

Für die Spiegeleier:
1/4 EL Olivenöl
2 Eier
Salz und schwarzer Pfeffer

Zeitaufwand:
20 Minuten plus 25 Minuten Kochzeit am Vorabend

Am Vorabend die Süßkartoffeln mitsamt Schale entweder im Ganzen oder – bei besonders großen Exemplaren – in 2 Hälften geschnitten in einem Topf mit Wasser bedecken und zum Kochen bringen. Etwa 20–25 Minuten köcheln lassen. Mit einer Gabel in die Süßkartoffeln stechen, um zu prüfen, ob sie schon bissfest sind. Achtung: Nicht zu weich kochen! Das Wasser abschütten und die Süßkartoffeln bis zum nächsten Morgen abgedeckt in den Kühlschrank stellen.

Die Süßkartoffeln am nächsten Morgen schälen und würfeln. Das Olivenöl in einer Pfanne erhitzen und Frühlingszwiebeln und Knoblauch darin anschwitzen. Die Süßkartoffeln hinzufügen und unter Rühren ca. 3 Minuten anbraten. Anschließend die Tomatenwürfel hinzufügen und alles weitere 2 Minuten braten. Mit Salz und frisch gemahlenem schwarzem Pfeffer abschmecken.

Für die Spiegeleier das Olivenöl in einer Pfanne erhitzen. Die Eierschalen am Pfannenrand aufschlagen und den Inhalt vorsichtig in die Pfanne gleiten lassen. Etwa 3 Minuten braten, bis das Eiweiß nicht mehr glasig ist. Mit Salz und frisch gemahlenem schwarzem Pfeffer bestreuen.

Die Süßkartoffel-Mischung auf 2 Teller verteilen und mit jeweils einem Spiegelei servieren.

FOOD PHARMACY **SÜSSKARTOFFELN**

Die Farbe der Süßkartoffeln verrät eigentlich schon alles: Ihr tiefes Orange zeigt, dass sie eine Menge Beta-Carotin enthalten, das im Körper zum Schönheitsvitamin A umgewandelt wird. Vitamin A sorgt nicht nur für eine gesunde Haut, sondern auch für glänzendes Haar und schöne Nägel. Wie gut zu wissen, dass bereits eine Frühstücksportion wie diese deinen täglichen Bedarf an Vitamin A deckt.

Mildert Augenringe — Regt den Stoffwechsel an

SMOOTHIE-BOWLS

Smoothie-Bowls sind die beste Erfindung nach dem Smoothie selbst. Sie eignen sich perfekt für Menschen, die mit einem flüssigen Frühstück nicht glücklich werden und lieber »was zwischen den Zähnen« haben. Das Schöne ist, dass man sie einfach mit allem bestreuen kann, was die Vorratskammer gerade hergibt: Beeren, Nüsse, Samen, selbstgemachtes Granola, Bienenpollen, ein Stückchen Schokolade – eben mit allem, was einen x-beliebigen Morgen zu einem wunderbaren Start in den Tag macht.

GRÜNE SMOOTHIE-BOWL *(für 2 Personen):*

Für die Smoothie-Creme:
2 Bananen, geschält und in Stücke geschnitten
1/2 Avocado, geschält und entkernt
60 g Spinatblätter, gewaschen
2 Kiwis, geschält und gewürfelt
1 EL frisch gepresster Zitronensaft
1 EL geschälte Hanfsamen (optional)
1 TL Moringapulver (optional)
200 ml ungesüßte Mandelmilch

Zum Bestreuen:
1 EL Sonnenblumenkerne, pfannengeröstet
1 EL Kürbiskerne, pfannengeröstet
2 EL Granatapfelkerne
2 TL Bienenpollen

Zeitaufwand:
ca. 12 Minuten

Alle Zutaten für die Creme miteinander im Standmixer cremig pürieren. In Schüsseln füllen und mit den Zutaten zum Bestreuen anrichten und servieren.

ESPRESSO-SMOOTHIE-BOWL *(für 2 Personen):*

Für die Smoothie-Creme:
2 Bananen, geschält und in Stücke geschnitten
1 Avocado, geschält und entkernt
2 EL geschälte Hanfsamen
1 EL Kakaopulver
2 TL Macapulver (optional)
1 TL Zimtpulver
200 ml ungesüßte Mandelmilch
2 frisch gebrühte Espressi

Zum Bestreuen:
2 EL Haselnüsse, geröstet und grob gehackt
80 g Blaubeeren (alternativ: Kirschen)
2 Stückchen Zartbitterschokolade, gehackt

Zeitaufwand:
ca. 12 Minuten

Alle Zutaten für die Creme miteinander im Standmixer cremig pürieren. In Schüsseln füllen und mit den Zutaten zum Bestreuen anrichten und servieren.

 Schützt die Hautzellen  Entgiftet sanft

FRÜHSTÜCKS-MISOSUPPE

Das ist die Art von Suppe, die einen wieder zu Kräften kommen lässt, wenn man am Vorabend über die Stränge geschlagen hat. Sie versorgt den Körper mit allem, was er braucht, um sich wieder gut und gesund zu fühlen: mit darmpflegendem Miso, stärkendem Ingwer und regenerierendem Brokkoli.

Für 2–3 Portionen:

1 EL natives Kokosöl
2 Frühlingszwiebeln, in Ringe geschnitten
1 EL frisch gehackter Ingwer
200 g Brokkoliröschen
200 g Zucchini, gewürfelt
1 l kochendes Wasser
3 EL helle Misopaste
200 g Tofu, klein gewürfelt (alternativ: gleiche Menge Kichererbsen aus dem Glas, gut abgewaschen)
optional: 1 Nori-Blatt, in Stücke geschnitten
ca. 1 TL Salz

Zeitaufwand:
20 Minuten

Kokosöl in einem mittelgroßen Topf erhitzen. Frühlingszwiebeln und Ingwer kurz darin anrösten, dann Brokkoli und Zucchini hinzufügen und unter Rühren ca. 2 Minuten anbraten. Kochendes Wasser hinzufügen.

Die Misopaste in einer kleinen Schale mit etwas Wasser anmischen und zur Suppe hinzufügen. Etwa 5 Minuten köcheln lassen. Anschließend den Tofu und (optional) das zerschnittene Nori-Blatt hinzufügen und alles bei geschlossenem Deckel 5 Minuten ziehen lassen. Die Suppe mit Salz abschmecken und servieren.

FOOD PHARMACY **MISO**

In der japanischen Mythologie wurde Miso als das »Geschenk der Götter für die Gesundheit der Menschen« bezeichnet. Miso ist eine milchsauer vergorene Würzpaste, die probiotisch wirkt und unsere guten Darmbakterien pflegt. Es ist ein ausgezeichneter Eiweißlieferant und enthält B-Vitamine, Eisen, Calcium und Enzyme. Zudem ist Miso ein Anti-Aging-Wirkstoff, da es das zellschützende Isoflavonoid Genistein enthält. Selbst bei der Ausleitung von Schwermetallen unterstützt Miso unseren Körper, da sein Wirkstoff Dibicolinsäure diese bindet und nach draußen befördert.

SUPERBROT MIT AVOCADO

Ich habe dieses Brot Superbrot genannt, weil es nicht nur supergesund ist, sondern auch supergute Nährstoffe enthält und mir vor allem supergut schmeckt. Die Basis des Brotes besteht aus nussigem Buchweizen und allerlei Kernen und Samen. Es ist wichtig, dass du das Brot gut durchbäckst. Da kein Backofen wie der andere ist, backe es beim ersten Mal lieber etwas länger als zu kurz (und achte währenddessen darauf, dass es nicht zu dunkel wird). Mit Avocado-Creme und verschiedenen Zutaten belegt ergibt es ein leckeres Frühstück oder einen Snack für zwischendurch.

Für 1 Brot:

Für das Brot:
500 ml handwarmes Wasser
1 EL Ahornsirup, Grad A
9 g Bio-Trockenhefe
300 g Buchweizenmehl
100 g geschrotete Leinsamen
50 g Kürbiskerne (plus 1 EL zum Bestreuen)
50 g Sonnenblumenkerne (plus 1 EL zum Bestreuen)
2 EL Chiasamen
1 TL Fenchelsamen
1/2 TL Kümmelsamen
1 TL Salz
3 EL Olivenöl (plus etwas mehr zum Ausreiben der Backform)

Für die Avocado-Creme:
1 Avocado
2 EL Zitronensaft
1 TL Salz (weglassen bei der Version mit Bananenbelag)
frisch gemahlener chwarzer Pfeffer

Zeitaufwand:
ca. 2 Stunden

Handwarmes Wasser mit Ahornsirup in einer Schüssel vermischen und die Trockenhefe unterrühren. 5 Minuten ruhen lassen.

Alle anderen Brotzutaten in einer großen (nicht metallischen) Schüssel miteinander vermengen. Die Hefemischung unterrühren. Mit einem sauberen Küchenhandtuch abdecken und 1 Stunde ruhen lassen.

Den Backofen auf 180 °C Ober-/Unterhitze vorheizen.

Eine Kastenform mit Olivenöl ausreiben. Den Teig einfüllen, mit den restlichen Kernen bestreuen und 50–55 Minuten backen. Dann auf Oberhitze und Umluft umschalten und weitere 5 Minuten backen, bis die Oberfläche des Brotes gebräunt ist.

Für die Avocado-Creme die Avocado schälen, entkernen, das Fruchtfleisch mit der Gabel pürieren und mit Zitronensaft, Salz und frisch gemahlenem schwarzem Pfeffer vermischen. Wahlweise mit den folgenden Zutaten (je Scheibe Brot) belegen:

- 2 Kirschtomaten, in Hälften geschnitten
- 1 TL gehackte Petersilie
- 1 EL zerkrümelter Schaf-Feta
- 1–2 Basilikumblätter
- fein geschnittene Bananenscheiben (hier in der Avocado-Creme das Salz weglassen) plus eventuell etwas Honig oder Ahornsirup zum Beträufeln
- 1 EL geschnittene Kresse

Spendet lang anhaltende Energie

Fördert den Haarwuchs

BANANEN-ZIMT-GRANOLA

Selbstgemachtes Granola ist ein Standard bei mir zu Hause, und eigentlich steht immer ein großes Glas davon auf meiner Küchentheke. Es schmeckt sowohl ganz schlicht mit etwas Mandel- oder Hafermilch und ein paar frischen Beeren oder aber als leckerer Belag eines Naturjoghurts oder meiner Smoothie-Bowls (siehe Rezept Seite 62).

Für 1 großes Glas:

200 g Haferflocken, Feinblatt
60 g ungesüßte Cornflakes
40 g Sonnenblumenkerne
40 g Kürbiskerne
30 g gepuffter Reis
2 Bananen
50 g natives Kokosöl, geschmolzen
2 EL Ahornsirup, Grad A
3 TL Zimtpulver
1 TL Ingwerpulver
1/2 TL Salz
60 g Rosinen
40 g Goji-Beeren

Zeitaufwand:
ca. 30 Minuten

Den Backofen auf 180 °C Ober-/Unterhitze vorheizen.

Haferflocken, Cornflakes, Sonnenblumen- und Kürbiskerne und gepufften Reis in einer großen Schüssel vermischen.

Bananen, Kokosöl, Ahornsirup, Zimt, Ingwer und Salz miteinander in der Küchenmaschine pürieren (alternativ: Bananen mit der Gabel zerdrücken und mit den anderen Zutaten vermischen). Die flüssige Mischung zu der Haferflockenmischung geben und alles zuerst mit dem Löffel, dann mit den Händen gut vermischen.

Ein Backblech mit Backpapier auslegen und die Mischung gleichmäßig darauf verteilen. Etwa 20 Minuten backen. Zwischendurch umrühren und kontrollieren, dass das Granola nicht anbrennt.

Das Granola komplett abkühlen lassen, dann erst mit Rosinen und Goji-Beeren vermischen. In einem luftdicht verschlossenen Gefäß aufbewahren und innerhalb von ca. 1 Monat verzehren.

FOOD PHARMACY **BANANEN**

Bananen sind Doppelagenten im Dienste der Schönheit. Zum einen wirken sie beruhigend auf den Magen-Darm-Trakt und nähren die guten Darmbakterien, was sich wiederum in einem klaren Hautbild zeigt. Zum anderen enthalten sie eine Aminosäure, die das gesunde Haarwachstum fördert, und natürliches Silikon, das für die Kollagenproduktion der Haut wichtig ist.

SCHÖN&SATT

Hauptgerichte, die Bauch und Seele glücklich machen

Verbessert die Säure-Basen-Balance

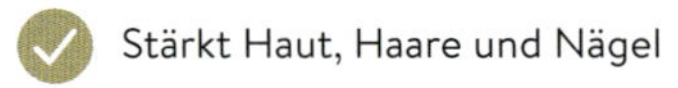
Stärkt Haut, Haare und Nägel

WARMER KAROTTEN-HIRSE-SALAT

Dieser warme Salat lebt von der zitronigen Säure seines Dressings, der Süße der Karotten und dem nussigen Aroma der gerösteten Mandeln. Die Hirse macht ihn herzhaft genug für ein sättigendes Mittag- oder Abendessen. Bei großem Hunger könntest du noch etwas Feta darüberbröseln.

Für 2 Personen:

150 g Hirse
300 ml Wasser
Salz
600 g kleine bis mittelgroße Karotten
2 EL geschnittene frische Minze

Für das Dressing:
100 g Mandeln
100 ml Olivenöl
abgeriebene Schale von 1 Bio-Zitrone
50 ml Zitronensaft
2 EL Ahornsirup, Grad A
ca. 3/4 TL Salz

Zeitaufwand:
ca. 45 Minuten

Die Hirse in ein Sieb geben und abwaschen. Dann mit Wasser und 1/3 Teelöffel Salz in einem Topf zum Kochen bringen. Die Hitze reduzieren und bei geschlossenem Deckel ca. 15 Minuten simmern lassen, bis sie bissfest ist.

Die Karotten schälen, den Strunk abschneiden und je nach Größe der Länge nach in Hälften oder Viertel schneiden. In einem Topf mit kaltem Wasser bedecken und zum Kochen bringen. Sobald das Wasser kocht, etwas salzen (ca. 1 Teelöffel), die Hitze reduzieren und ca. 8–10 Minuten köcheln, bis die Karotten »al dente« sind. Dann abgießen und bis zum Servieren warm halten.

In der Zwischenzeit das Dressing zubereiten. Dafür die Mandeln grob hacken und in einer Pfanne trocken anrösten, bis sie zu duften beginnen. Die Pfanne vom Herd nehmen und kurz abkühlen lassen. Dann die restlichen Dressing-Zutaten unterrühren.

Hirse, Karotten und Dressing in einer großen Schüssel miteinander vermischen, auf Teller verteilen, mit Minze bestreuen und servieren.

FOOD PHARMACY **HIRSE**

Hirse ist eine glutenfreie Getreideart und aus der Schönheitsküche gar nicht wegzudenken. Schließlich enthält sie eine große Menge Mineralstoffe und Spurenelemente, die das Säure-Basen-Gleichgewicht des Körpers regulieren. Außerdem die Aminosäure Tryptophan, die sowohl für die Bildung des Glückshormons Serotonin als auch für die des Anti-Aging-Hormons Melatonin elementar ist. Und dann enthält die Hirse noch den heimlichen Schönheits-Joker Silizium, der Haare und Fingernägel stärkt und für ein gesundes Hautbild sorgt.

Hemmt Entzündungen

Klärt die Haut

BLAUBEER-WILDREIS MIT LACHS

Die Kombination aus Lachs, Blaubeeren und Wildreis habe ich zum ersten Mal in dem kleinen Surfer-Städtchen Tofino auf Vancouver Island/Kanada gegessen. Blaubeeren und Lachs gibt es dort in Hülle und Fülle, und gemeinsam ergeben sie einen wunderbar runden Geschmack.

Für 2 Personen:

- 150 g Wildreis
- 500 ml Wasser
- Salz
- 50 g ungeschälte Mandeln, grob gehackt
- Olivenöl
- 2 Frühlingszwiebeln, in Ringe geschnitten
- 1 Knoblauchzehe, geschält und gehackt
- 2 EL Zitronensaft
- 1 EL Ahornsirup, Grad A
- frisch gemahlener schwarzer Pfeffer
- 100 g Blaubeeren
- 2 Scheiben Lachsfilets mit Haut, geschuppt, à etwa 150 g
- 50 g Rucola, gewaschen und grob gehackt
- 2 Zitronenspalten zum Servieren

Zeitaufwand:
ca. 1 Stunde

Den Wildreis in ein Sieb geben, mit Wasser abspülen, abtropfen lassen und mit 500 ml Wasser und 1/3 Teelöffel Salz in einen Topf geben und zum Köcheln bringen. Etwa 40 Minuten bei niedriger Hitze und geschlossenem Deckel köcheln lassen, bis der Wildreis gar, aber noch bissfest ist (die Garzeit kann je nach Sorte etwas variieren, deshalb zwischendurch prüfen).

Eine mittelgroße Pfanne erhitzen und die Mandeln trocken anrösten, bis sie leicht gebräunt sind. Aus der Pfanne nehmen und beiseitestellen.

In einer Pfanne 2 Esslöffel Olivenöl bei mittlerer Hitze erwärmen und Frühlingszwiebeln und Knoblauch kurz darin anschwitzen. Zitronensaft, Ahornsirup, 1/2 Teelöffel Salz, frisch gemahlenen schwarzen Pfeffer und die Blaubeeren hinzufügen, vom Herd nehmen und mit dem fertig gekochten Wildreis und den Mandeln vermischen und warm halten.

Die Lachsfilets waschen, mit Küchenpapier abtrocknen und mit etwas Salz und frisch gemahlenem schwarzem Pfeffer bestreuen. Eine Pfanne mit 1 Esslöffel Olivenöl erhitzen und die Filets auf der Hautseite etwa 5 Minuten braten, wenden und nochmals etwa 3 Minuten braten.

Den Rucola auf 2 Tellern anrichten und den Blaubeer-Wildreis daraufhäufen. Mit jeweils einem Lachsfilet und einer Zitronenspalte servieren.

FOOD PHARMACY **LACHS**

Ein Stückchen Lachs enthält mehr als eine ganze Tagesration an Vitamin D, das wir für alle körperlichen Funktionen benötigen. Unter anderem unterstützt Vitamin D die Regeneration der Haut, stärkt ihre Immunfunktion und schützt sie vor freien Radikalen. Der hohe Anteil an Omega-3-Fettsäuren im Lachs sorgt unterdessen dafür, dass unsere Haut glatt und strahlend aussieht.

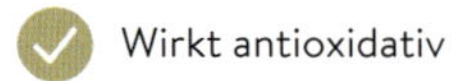
Wirkt antioxidativ

Kräftigt Haut, Haar und Nägel

APRIKOSEN-QUINOA-SALAT

Das ist eins der absoluten Lieblingsrezepte meiner Blogleser. Viele Ladys haben mir schon geschrieben, dass sie mit diesem Rezept ihre anfangs kritischen Familienmitglieder von Quinoa überzeugen konnten. Das ist aber nur einer der Gründe, warum ich das Rezept in dieses Buch integriert habe. Der andere ist, dass dieser Salat die Essenz dessen enthält, was wir für unsere Schönheit brauchen: Quinoa für eine optimale Versorgung von Haut, Haar und Nägeln mit aufbauenden Aminosäuren, Aprikosen für einen natürlichen UV-Schutz und Rucola für die sanfte Entgiftung des Körpers.

Für 4 Personen:

Für den Salat:
200 g Quinoa
400 ml Wasser
1/3 TL Salz
220 g Kichererbsen aus dem Glas, Abtropfgewicht
1 kleine Gurke (ca. 200 g), geschält und gewürfelt
50 g Rucola
3 EL gehackte Minze
30 g Pinienkerne
400 g Aprikosen
1 EL natives Kokosöl

Für das Dressing:
1 Aprikose (ca. 50 g), entsteint
5 EL frisch gepresster Zitronensaft
4 EL frisch gepresster Orangensaft
4 EL Olivenöl
1 EL Ahornsirup, Grad A
1 Knoblauchzehe, geschält
1 TL Salz
1/2 TL Kurkumapulver
1/2 TL Kreuzkümmelpulver
etwas frisch gemahlener schwarzer Pfeffer

Zeitaufwand:
ca. 40 Minuten

Die Quinoa in ein Sieb geben und abwaschen. Dann mit Wasser und Salz in einem Topf zum Kochen bringen. Die Hitze reduzieren und bei geschlossenem Deckel ca. 20 Minuten simmern lassen, bis die Quinoa bissfest ist. In eine Schüssel füllen und abkühlen lassen.

In der Zwischenzeit alle Zutaten für das Dressing miteinander im Standmixer cremig pürieren. Beiseitestellen.

Die Kichererbsen für den Salat in ein Sieb geben und waschen. Zusammen mit gewürfelter Gurke, Rucola und Minze beiseitestellen. Die Pinienkerne in einer Pfanne trocken anrösten, bis sie leicht gebräunt sind. Die Aprikosen in Hälften schneiden, entkernen und in einer heißen Pfanne mit Kokosöl ca. 3 Minuten je Seite scharf anbraten.

Alle Zutaten für den Salat bis auf die gerösteten Aprikosen und Pinienkerne in einer großen Schüssel mit dem Dressing vermischen. Die Aprikosen darauf anrichten und mit Pinienkernen bestreut servieren.

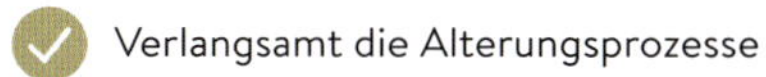
Verlangsamt die Alterungsprozesse

Stärkt den Schutzschild der Haut

DIE SCHNELLSTE TOMATENSAUCE DER WELT

Der Titel dieses Rezepts ist wirklich keine Übertreibung, denn du kannst diese Tomatensauce in derselben Zeit zubereiten, in der andere eine Fertigsauce aufwärmen. Du füllst einfach nur alle Zutaten in einen Standmixer, pürierst sie und erhitzt sie kurz zusammen mit den gekochten Nudeln. Fertig!

Für 2 Personen:

250–300 g Spaghetti
500 g Tomaten, grob gewürfelt
1/2 Avocado, geschält, entkernt und grob gewürfelt
2 EL Tomatenmark
2 EL Olivenöl
1–2 Knoblauchzehen, geschält
1 1/3 TL Salz
1 getrocknete Chilischote, zerkrümmelt
eine Handvoll Kirschtomaten, in Hälften geschnitten
ein paar Blättchen Basilikum zum Garnieren

Zeitaufwand:
ca. 10 Minuten plus Kochzeit der Spaghetti

Spaghetti in reichlich Salzwasser ca. 1 Minute kürzer als »al dente« kochen.

In der Zwischenzeit alle restlichen Zutaten für die Tomatensauce bis auf die Kirschtomaten und die Basilikumblätter miteinander im Standmixer cremig pürieren.

Die Spaghetti abgießen, zurück in den Topf geben, die Tomatensauce hinzufügen und ca. 1 Minute unter Rühren zurück auf die heiße Herdplatte geben und erhitzen. Auf 2 Teller geben und mit Kirschtomaten und Basilikumblättern garniert servieren.

FOOD PHARMACY **TOMATEN**

Die Natur ist so schlau, dass sie im Sommer Tomaten reifen lässt, die unsere Haut vor UV-Schäden schützen. Das in ihnen enthaltene Lycopin und Beta-Carotin reichert sich nach dem Verzehr in unserer Haut an und verhindert die UV-bedingte Hautalterung in Form von Falten und Altersflecken. In leicht erwärmter Form und kombiniert mit etwas Olivenöl kann unser Körper das Lycopin am besten aufnehmen. Übrigens befinden sich große Mengen Lycopin in Tomatenmark. Dieses sollte natürlich am besten ohne künstliche Zusätze sein.

Sorgt für ein frisches Hautbild

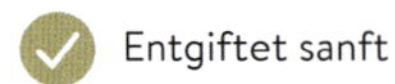
Entgiftet sanft

JAPANISCHE REIS-SCHÜSSEL MIT MISO-INGWER-SAUCE

Japan ist eine kulinarische Destination, die auf meiner persönlichen Landkarte noch fehlt. Ganz bestimmt ist Japan ein sehr schönes Land, aber wenn ich irgendwann mal dort bin, werde ich wohl die gesamte Zeit in Restaurants verbringen. Ich mag ganz einfach den frischen Geschmack und die einfache Ästhetik japanischen Essens. Diese Reis-Schüssel ist kein original japanisches Gericht, sondern meine Version eines vegetarischen Sushis für Ungeduldige. Es ist mehr oder weniger alles drin, was man in Sushi findet (Reis, Avocado, grüner Spargel, Gurke, Nori, Soja), aber ohne das doch recht nervenaufreibende Wickeln der Rollen.

Für 2 Personen:

150 g brauner Basmatireis
350 ml Wasser
1/2 TL Salz
1 EL Olivenöl
1 Frühlingszwiebel, in Ringe geschnitten
250 g grüner Spargel
200 g Salatgurke
1/2 Avocado, geschält und entkernt
1 Nori-Blatt

Für die Miso-Ingwer-Sauce:
3 EL helle Misopaste
100 ml heißes Wasser
3 EL frisch gepresster Zitronensaft
2 EL Olivenöl
1 EL Ahornsirup, Grad A
3/4 EL fein geraspelter Ingwer
Salz und schwarzer Pfeffer

Zeitaufwand:
ca. 40 Minuten

Den Basmatireis in ein Sieb geben und gründlich abspülen. Mit Wasser und Salz in einen Topf geben und zum Kochen bringen. Die Hitze auf niedrigste Stufe reduzieren und bei geschlossenem Deckel ca. 25 Minuten köcheln lassen, bis der Reis gar ist. Wenn der Reis fertig ist, mit Olivenöl und gehackter Frühlingszwiebel vermischen und warm halten.

In der Zwischenzeit die Endstücke vom grünen Spargel abschneiden und gegebenenfalls das untere Drittel der Stangen mit einem Spargelschneider schälen (bei jungem, zartem Spargel ist das oft nicht nötig). In Hälften oder Drittel schneiden und in kochendem und leicht gesalzenem Wasser ca. 5 Minuten al dente kochen. Abgießen und warm halten.

Die Salatgurke schälen und in Stifte oder Würfel schneiden. Die Avocado klein würfeln. Das Nori-Blatt mit einem scharfen Messer oder einer Schere in mundgerechte Streifen schneiden.

Alle Zutaten für die Miso-Ingwer-Sauce miteinander mit dem Pürierstab oder im Standmixer vermischen.

Den Reis auf 2 Schüsseln aufteilen, mit Spargel, Gurkenstücken und Avocado belegen, mit der Sauce übergießen und mit Nori-Streifen belegen.

WELLCUISINE-TIPP: Du kannst die Reis-Schüssel noch anreichern mit folgenden Zutaten:
– fein geschnittener roher Fisch in Sushi-Qualität
– scharf angebratener Räuchertofu, in dünne Scheiben geschnitten

POLENTA-PIZZA MIT KÜRBIS

Seit ich das erste Mal Polenta-Pizza aus dem Ofen geholt habe, gab es für mich kein Halten mehr. Denn so einfach konnte man Pizza noch nie selbst machen. In Kombination mit Kürbis, der uns mit zellschützendem Beta-Carotin versorgt, und antioxidativ wirkenden roten Zwiebeln ist diese Pizza Seelen- und Beauty-Futter in einem.

Für 4 kleine Pizzen (reicht für 2–3 Personen):

Für die Pizzaböden:
700 ml Wasser
200 g Maisgrieß, schnellkochend (Instant)
3/4 TL Salz

Für den Belag:
500 g Hokkaido-Kürbis, entkernt und in schmale Spalten geschnitten
Olivenöl
Salz
frisch gemahlener schwarzer Pfeffer
2 große rote Zwiebeln (ca. 400 g), geschält und gehackt
2 EL Tomatenmark
2 EL Wasser
24 frische Salbeiblätter

Zeitaufwand:
ca. 1 Stunde

Den Backofen auf 180 °C Umluft mit Oberhitze vorheizen.

700 ml Wasser in einem mittelgroßen Topf zum Kochen bringen. Die Hitze reduzieren und mit Hilfe eines Schneebesens den Maisgrieß einrühren und salzen. Unter Rühren 2 Minuten weiterköcheln lassen. Vom Herd nehmen und 10 Minuten abkühlen lassen.

Ein Backblech mit Backpapier auslegen und mit etwas Olivenöl einreiben. Den Polentagrieß in 4 Portionen aufteilen und jeweils mit einem Löffel zu kreisrunden Pizzaböden verstreichen. Gegebenenfalls ein weiteres Backpapier auf die Polenta legen und mit den Händen in Form bringen.

Die Kürbisspalten in einer Schüssel mit 2 Esslöffeln Olivenöl, 1 Teelöffel Salz und etwas Pfeffer vermischen, in eine gefettete Ofenform geben und zusammen mit den Pizzaböden 20 Minuten im Ofen backen.

Den Backofen auf Ober-/Unterhitze umschalten.

In einer Pfanne 1 Esslöffel Olivenöl erhitzen und die Zwiebeln 3 Minuten darin anschwitzen. Tomatenmark, Wasser, 1 Teelöffel Salz und eine Prise Pfeffer hinzufügen und weitere 2 Minuten dünsten.

Die vorgebackenen Pizzaböden mit der Zwiebelmischung bestreichen und mit den gebackenen Kürbisspalten belegen. Die Pizzen ca. 15 Minuten auf mittlerer Stufe backen. Die Salbeiblätter mit 1 Esslöffeln Olivenöl vermischen, auf den Pizzen verteilen, den Ofen wieder auf Oberhitze und Umluft umschalten und alles weitere 5 Minuten backen.

FISCH-TACOS MIT GUACAMOLE

Wer nicht gern mit den Händen isst, sollte besser gleich weiterblättern. Denn Fisch-Tacos sind ein echtes Streetfood und können nicht ernsthaft mit Messer und Gabel serviert werden. Dafür sind sie eine wunderbar entspannte Mahlzeit für einen Abend mit lieben Menschen und einem klitzekleinen Schönheitsbier.

Für 2 Personen:

Für die Guacamole:
1 Avocado, geschält und entkernt
2 EL Limettensaft
1 TL Dijon-Senf
1 TL Salz
1–2 EL Wasser
frisch gemahlener schwarzer Pfeffer

Für die Tacos:
1 EL natives Olivenöl
2 Frühlingszwiebeln, in Ringe geschnitten
1 Knoblauchzehe, geschält und gehackt
1 mittelgroße Tomate, gewürfelt
1 EL gehackte Korianderstiele
3/4 TL Salz
2 EL Limettensaft (plus 1/2 Limette pro Person zum Servieren)
200 g weißes, festkochendes Fischfilet, grob gewürfelt
100 g Kidneybohnen aus dem Glas (Abtropfgewicht), in einem Sieb abgewaschen
3 EL grob gehackte Korianderblätter
6 Blätter Mini-Romanasalatblätter, gewaschen und abgetrocknet

Zeitaufwand:
ca. 30 Minuten

Alle Zutaten für die Guacamole miteinander in der Küchenmaschine pürieren. Gegebenenfalls noch etwas Wasser hinzufügen, wenn die Masse zu dickflüssig ist und sich nicht gut pürieren lässt.

Für die Tacos Olivenöl in einer Pfanne erhitzen und Frühlingszwiebeln und Knoblauch darin anschwitzen. Tomate, gehackte Korianderstiele, Salz, Limettensaft und Fischstücke hinzufügen. Etwa 2 Minuten köcheln lassen, bis der Fisch gar ist. Die Kidneybohnen hinzufügen und kurz erwärmen. Vom Herd nehmen und mit den gehackten Korianderblättern vermischen.

Jeweils 3 Mini-Romanasalatblätter auf einen Teller legen, mit Guacamole bestreichen und mit der Mischung aus der Pfanne füllen. Jede Portion mit einer halben Limette servieren.

WELLCUISINE-TIPP: Um die Tacos noch gehaltvoller zu machen, kannst du die Romanasalatblätter auch durch fertig gekaufte Mais-Tortillas austauschen. Diese vor dem Servieren einfach in einer großen Pfanne 30 Sekunden je Seite erhitzen. Dann mit Guacamole und der Fischmischung füllen.

FOOD PHARMACY **AVOCADOS**

Das Biotin in Avocados sorgt für harte Fingernägel und gesunde Haare. Das ebenfalls in ihnen enthaltene Beta-Carotin und Vitamin E hält die Haut jung, Vitamin B_6 unterstützt einen erholsamen Schönheitsschlaf.

Unterstützt die Produktion von Sexualhormonen

WINTERSALAT

Dieser lauwarme Salat enthält die geballte Kraft der Wintergemüse und -früchte. Mehr Vitalstoffe passen wirklich nicht auf einen Teller. Außerdem ist er unheimlich lecker und vertreibt allein schon durch seinen Geschmack und die Farben jede lauernde Winterdepression.

Für 2 Personen:

Für den Salat:
600 g Hokkaido-Kürbis
20 g natives Kokosöl, geschmolzen
1 EL Ahornsirup, Grad A
1/2 TL Salz
1 Granatapfel
180 g Rucola, gewaschen und trocken geschleudert
1 vorgekochte Rote Bete (ca. 200 g), gewürfelt
50 g Walnüsse, in grobe Stücke gebrochen

Für das Dressing:
Schale von 1/2 Bio-Orange
Saft von 1 Bio-Orange
2 EL Olivenöl
2 EL Apfelessig
1/2 TL Salz
3/4 TL Zimtpulver
frisch gemahlener schwarzer Pfeffer

Zeitaufwand:
ca. 50 Minuten

Den Backofen auf 180 °C Ober-/Unterhitze vorheizen.

Den Hokkaido-Kürbis entkernen, in dünne Spalten schneiden und in einer Schüssel mit geschmolzenem Kokosöl, Ahornsirup und Salz vermischen. Auf einem mit Backpapier ausgelegten Backblech verteilen und ca. 15 Minuten backen. Dann den Ofen auf Oberhitze und Umluft umschalten und den Kürbis weitere 5 Minuten backen.

Den Granatapfel teilen. Die Schnittfläche über eine große Schüssel halten und die Kerne mit Hilfe eines Kochlöffels herausschlagen. Die Kerne beiseitestellen.

Alle Zutaten für das Dressing miteinander vermischen.

Den Rucola und die Rote Bete in eine Schüssel oder auf eine Platte geben und mit dem Dressing vermischen. Die fertig gebackenen Kürbisspalten darauf anrichten und mit Granatapfelkernen und Walnüssen bestreut servieren.

FOOD PHARMACY **KÜRBIS**

Kürbis ist ein Schönheits-Lebensmittel par excellence. Er enthält große Mengen an Alpha- und Beta-Carotin, das im Körper zu Vitamin A umgewandelt wird und die Hautzellen jung hält und den Alterungsprozess des Körpers verlangsamt. Sowohl in alten Indianerkulturen als auch bei den Benediktinermönchen galt er schon vor Jahrhunderten als Heilmittel gegen Entzündungen und wird in der Traditionellen Chinesischen Medizin heute noch zur Stärkung der Blase und als Mittel bei Verdauungsbeschwerden verschrieben.

SCHÖN&LEICHT
Salate und Suppen für den kleinen Hunger

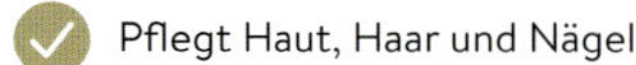
Pflegt Haut, Haar und Nägel

Verbessert die Sehkraft

KAROTTEN-SÜSSKARTOFFEL-SUPPE MIT HARISSA-ÖL

Diese an sich schon leckere Suppe wird durch ein einfach zuzubereitendes Harissa-Öl besonders raffiniert. Am besten tust du dir selbst den Gefallen und bereitest gleich die doppelte Menge Öl zu, denn du wirst es über alles Mögliche träufeln wollen, wenn du es einmal gekostet hast.

Für 2 Personen:

Für die Suppe:
2 EL Olivenöl
1 mittelgroße weiße Zwiebel, geschält und gehackt
1 Knoblauchzehe, geschält und gehackt
1 EL Ingwer, geschält und gehackt
1 TL Kurkumapulver
1/4 TL Kreuzkümmelpulver
350 g Karotten, in grobe Scheiben geschnitten
350 g Süßkartoffeln, geschält und grob gewürfelt
400 ml Kokosmilch
400 ml Wasser
2 EL frisch gepresster Zitronensaft
ca. 1,5 TL Salz
frisch gemahlener schwarzer Pfeffer

Für das Harissa-Öl:
50 ml Olivenöl
1 Knoblauchzehe, geschält und fein gehackt
1 TL Kreuzkümmelpulver
1 TL Paprikapulver
1/4 TL Cayennepfeffer
1/8 TL Salz

Zeitaufwand:
ca. 40 Minuten

Das Olivenöl in einem großen Topf erhitzen und gehackte Zwiebel, Knoblauch, Ingwer, Kurkuma und Kreuzkümmel kurz darin anschwitzen. Auf mittlere Temperatur reduzieren und Karotten und Süßkartoffeln hinzufügen und unter Rühren ca. 2 Minuten anbraten. Mit Kokosmilch und Wasser ablöschen und ca. 20 Minuten simmern lassen, bis Karotten und Süßkartoffeln weich sind.

Den Zitronensaft hinzufügen, anschließend das Ganze im Standmixer oder mit dem Pürierstab cremig pürieren. Mit Salz und frisch gemahlenem schwarzem Pfeffer abschmecken. Bei geschlossenem Deckel warm halten.

Alle Zutaten für das Harissa-Öl glatt miteinander vermischen. Falls etwas übrig bleibt, kannst du das Öl in einem geschlossenen Gefäß im Kühlschrank mindestens eine Woche aufbewahren.

Die Suppe in Schalen füllen und mit dem Harissa-Öl beträufelt servieren. Dazu passen die Omega-3-Cacker von Seite 116.

FOOD PHARMACY **KAROTTEN**

Vitamin A ist eines der wichtigsten Schönheitsvitamine – und Karotten enthalten reichlich Beta-Carotin, das in unserem Körper zu Vitamin A umgewandelt wird. Das sorgt für ein gesundes Zellwachstum und damit für die Schönheit unserer Haut, unseres Haars und unserer Nägel. Und da Schönheit ja vor allem im Auge des Betrachters liegt, stärkt Vitamin A auch gleich noch unsere Sehkraft.

CHICORÉE-ORANGEN-SALAT MIT RÖSTZWIEBELDRESSING

Ein typischer Wintersalat, der alles enthält, was die kalte Jahreszeit an wunderbaren Aromen und wichtigen Nährstoffen zu bieten hat. Die Bitterstoffe im Chicorée entsäuern den Körper und pflegen den Darm. Die Orange ist gepackt voll mit Vitamin C, das unsere Immunabwehr stärkt. Und die Zwiebel im Dressing regt den Stoffwechsel an, wärmt den Körper und wirkt antibakteriell.

Für 2 Personen:

Für das Dressing:
4 EL Olivenöl
1 mittelgroße weiße Gemüsezwiebel, geschält und grob gewürfelt
1 Knoblauchzehe, geschält
2 EL Apfelessig
1 EL Ahornsirup, Grad A
1 TL Dijon-Senf
1/2 TL Salz (nach Geschmack auch mehr)
frisch gemahlener schwarzer Pfeffer

Für den Salat:
50 g Walnusshälften
300 g Chicoreéblätter
40 g Feldsalat
1 Orange, geschält und in Scheiben geschnitten

Zeitaufwand:
ca. 20 Minuten

1 Esslöffel des Olivenöls in einer Pfanne erhitzen und darin gehackte Zwiebel und Knoblauch ca. 2 Minuten unter Rühren anrösten, aber nicht zu braun werden lassen. Anschließend zusammen mit den restlichen Dressingzutaten in der Küchenmaschine cremig pürieren.

Die Walnusshälften in einer Pfanne trocken anrösten. Beiseitestellen.

Chicorée und Feldsalat waschen und trocknen.

Auf einer Platte erst den Feldsalat und darauf die Chicoreéblätter anrichten. Mit Orangenscheiben belegen. Das Dressing möglichst gleichmäßig mit Hilfe eines Löffels darauf verteilen.

Die gerösteten Walnusshälften in Stücke brechen und den Salat damit garnieren.

FOOD PHARMACY **ORANGEN**

Manchmal kann man dem Essen schon direkt ansehen, was es für unsere Schönheit tut. Zum Beispiel wirken die saftigen, prallen Orangen auch aufbauend und polsternd auf unsere Haut. Ihr Vitamin C regt die Kollagenproduktion der Hautzellen an und macht sie stabil. Das Beta-Carotin, das den Orangen ihre hübsche Farbe verleiht, wird zu Vitamin A umgewandelt, das die äußere Hautschicht aufbaut und für einen ebenmäßigen Teint sorgt.

 Pflegt die Darmflora  Hemmt Entzündungen

PAPAYA-AVOCADO-SALAT MIT PAPAYAKERNDRESSING

Papayakerne sind ein Superfood, das meistens im Müll landet. Dabei sind sie nicht nur gesund, sondern haben auch einen leckeren pfeffrig-scharfen Geschmack, der ein normales Salatdressing zu etwas ganz Besonderem macht. Auf Hawaii haben Papayadressings deshalb eine lange Tradition.

Für 2 Personen:

Für das Papayakerndressing:
80 ml Limettensaft
1 EL Papayakerne
100 g Papaya, geschält und gewürfelt
2 EL Olivenöl
1 EL Ahornsirup, Grad A
1 TL Dijon-Senf
3/4 TL Salz

Für den Salat:
400 g Papaya, geschält und gewürfelt
1 Avocado, geschält, entkernt und gewürfelt
1 Salatgurke (ca. 250 g), geschält und gewürfelt
1 Frühlingszwiebel, in Ringe geschnitten
1 rote Chilischote, entkernt und gehackt
3 EL gehackte Korianderblätter

Zeitaufwand:
ca. 20 Minuten

Alle Zutaten für das Dressing im Standmixer miteinander cremig pürieren.

Die Zutaten für den Salat in einer Schüssel mischen und mit dem Dressing vermengen.

FOOD PHARMACY **PAPAYA**

Das Papain im Fruchtfleisch und in den Kernen der Papaya ist ein eiweißspaltendes Enzym, das die Verdauung verbessert und die Darmflora aufbaut. Und da sich der Zustand unseres Darms direkt in der Beschaffenheit von Haut, Haar und Nägeln widerspiegelt, ist die Papaya ein echtes Beauty-Lebensmittel. Frauen und Männer mit Kinderwunsch aufgepasst: In einigen Kulturen wurden Papayakerne zur natürlichen Verhütung eingesetzt. Diese Wirkung entfalten sie allerdings erst bei sehr häufigem Verzehr.

Beugt der Faltenbildung vor

Fördert die Elastizität der Haut

ERDBEER-GAZPACHO

Dies ist bestimmt eins der einfachsten und geschmacklich aufregendsten Rezepte in diesem Buch. Im Frühling und Sommer kommt diese Gazpacho bei mir sehr oft als Vorspeise für Gäste zum Einsatz. Denn ich kann sie gut vorbereiten, sie schmeckt toll und ist eindrucksvoller als ein Vorspeisensalat. Aber auch als leichtes Mittagessen an einem warmen Tag ist sie einfach köstlich.

Für 2 Personen:

1/2 Salatgurke, geschält und grob gewürfelt
1 mittelgroße reife Tomate, grob gewürfelt
1 kleine Paprika, entkernt und grob gewürfelt
1–2 Knoblauchzehen, geschält
200 ml Wasser
200 g Erdbeeren, Strunk entfernt (plus 1 Erdbeere zum Anrichten)
1 Avocado, geschält, entkernt und grob gewürfelt
3 EL Olivenöl (plus etwas mehr zum Beträufeln der Suppe)
3 EL frisch gepresster Zitronensaft
ca. 1 TL Salz (plus mehr nach Geschmack)
frisch gemahlener schwarzer Pfeffer
1 kleine getrocknete Chilischote, zerkrümelt

Zeitaufwand:
ca. 20 Minuten

Salatgurke, Tomate, Paprika und Knoblauch mit dem Wasser im Standmixer cremig pürieren. Durch ein Sieb gießen und mit einem Esslöffel ausstreichen (dieser Schritt kann ausgelassen werden, wenn der Standmixer sehr leistungsstark ist und die Suppe rückstandslos cremig püriert).

Anschließend die gesiebte Flüssigkeit zusammen mit den restlichen Zutaten im Standmixer cremig pürieren.

Die Suppe in Schalen füllen, mit Olivenöl beträufeln und mit schwarzem Pfeffer bestreuen. Eine Erdbeere in dünne Scheiben schneiden und jeweils 2 Scheibchen auf jede Suppe legen und servieren.

FOOD PHARMACY **ERDBEEREN**

Erdbeeren enthalten nicht nur einen, sondern gleich mehrere Stoffe, die unsere Gesundheit und unsere Schönheit boosten. Ihr Vitamin-C-Gehalt schützt unsere Hautzellen vor vorzeitiger Alterung. Ellagsäure reguliert den Blutzuckerspiegel, regt die Fettverbrennung an – und hilft so auch beim Abnehmen – und wirkt allgemein entzündungshemmend.

✓ Befeuchtet die Haut von innen ✓ Unterstützt die Entgiftung des Körpers

THAI-MELONENSALAT

Das ist ein Salat ganz nach meinem Geschmack. Er ist süß, salzig, scharf und sauer und rangiert, wenn ich es recht überlege, unter den Top 10 meiner absoluten Lieblingssalate. Besonders interessant wird er durch das pfannengeröstete Dressing und die gesalzenen Erdnüsse.

Für 2 Personen:

1 Galia-Melone à ca. 1,2 kg
1 EL natives Kokosöl
2 Frühlingszwiebeln, in Ringe geschnitten
1 EL gehackter Ingwer
3 EL Limettensaft
2 EL Olivenöl
1/2 TL Salz
3 EL gehackte Korianderblätter
3 EL gesalzene, geröstete Erdnüsse, gehackt
1 getrocknete Chilischote, zerkrümelt

Zeitaufwand:
ca. 20 Minuten

Die Galia-Melone in Hälften schneiden und entkernen. Das Melonenfruchtfleisch mit einem Melonenkugelausstecher zu Kugeln ausstechen oder mit einem Messer würfeln. In eine Schüssel geben.

Das Kokosöl in einer kleinen Pfanne erhitzen und darin Frühlingszwiebeln und Ingwer ca. 2 Minuten unter Rühren anschwitzen. Komplett abkühlen lassen. Dann Limettensaft, Olivenöl und Salz zu der abgekühlten Mischung geben und unter die Melonenkugeln mischen. Koriander, Erdnüsse und Chili hinzufügen, leicht untermischen und servieren.

FOOD PHARMACY **MELONE**

Melone besteht zu 80 Prozent aus Wasser und ist deshalb besonders nahrhaft für unsere Haut, da sie sie gut durchfeuchtet. Ihre Antioxidanzien, ihr Gehalt an Vitamin C, Calcium und Magnesium verbessert den Teint und die Festigkeit von Haar und Nägeln. Außerdem unterstützt die Melone die Entgiftungsfunktionen des Körpers und ist somit ein für alle Mal ein echtes Beauty-Nahrungsmittel.

ULTRACREMIGE BLUMENKOHLSUPPE

Nachdem ich bei meinen ersten Kochbüchern mehr oder weniger alle Rezepte alleine getestet habe und am Ende im Megastress war, habe ich mir dieses Mal Verstärkung geholt. Matthias, ein lieber Freund aus Hamburg, testete diese Suppe und schrieb daraufhin: »Für mich der Überraschungssieger. Und das, obwohl ich mich nicht unbedingt als Fan des Blumenkohls bezeichnen würde. Dass aus derart wenigen Zutaten mit so einfacher Zubereitung ein solch köstliches Gericht wird – fantastico!« Diese Suppe hat meine Großmutter für mich gemacht, als ich klein war. Und na ja, Großmütter kochen eben gut.

Für 2–3 Personen:

Für die Suppe:
1 Blumenkohl à ca. 1,3 kg
4 EL Olivenöl
1 Zwiebel, geschält und gehackt
1,5 l heißes Wasser
1,5 TL Salz

Zum Garnieren:
1 EL Olivenöl
2 Frühlingszwiebeln inklusive Grün, in Ringe geschnitten

Zeitaufwand:
ca. 45 Minuten

Blumenkohl putzen, die Röschen abschneiden und den harten Strunk entfernen.

Das Olivenöl in einem großen Topf bei mittlerer Temperatur erhitzen und die gehackte Zwiebel unter Rühren 5 Minuten anschwitzen. Die Blumenkohlröschen dazugeben, ca. 500 ml des Wassers und das Salz hinzufügen und das Ganze bei geschlossenem Deckel 15 Minuten simmern lassen. Dann das restliche Wasser hinzufügen und bei geschlossenem Deckel weitere 20 Minuten leicht köcheln lassen.

Die Suppe im Standmixer oder mit dem Pürierstab cremig pürieren. Zurück in den Topf geben und noch einmal erhitzen. Gegebenenfalls mit Salz abschmecken.

Für die Garnitur das Olivenöl in einer Pfanne leicht erhitzen und die Frühlingszwiebeln darin ca. 1 Minute anbraten.

Die Suppe in Schalen oder tiefe Teller füllen und mit den angebratenen Frühlingszwiebeln bestreut servieren.

FOOD PHARMACY **BLUMENKOHL**

Blumenkohl enthält selbst in seiner gekochten Form noch eine ordentliche Menge an hautverschönerndem Vitamin C und unterstützt die Säure-Basen-Balance des Körpers durch seinen hohen Anteil an Mineralstoffen. Mit einem Wasseranteil von 90 Prozent ist Blumenkohl sehr kalorienarm und durch seine Zellstruktur die am besten bekömmliche Kohlsorte.

ROTER DETOX-SALAT

Die Farbe sagt schon alles: Dieser Salat ist ein echtes Powerhouse. Er reinigt Magen und Darm durch zahlreiche Ballaststoffe, füttert die guten Darmbakterien, wirkt entzündungshemmend und zellschützend durch die sekundären Pflanzenstoffe in Rotkohl, Roter Bete und Himbeeren. Und vor allem schmeckt er einfach gut und ist aufgrund der Farbe ein toller Blickfang auf dem Tisch.

Für 2–3 Personen:

Für den Salat:
1 EL Olivenöl
1 mittelgroße rote Zwiebel, geschält und in Ringe geschnitten
1 EL Fenchelsamen
1/2 Rotkohl (ca. 400 g)
1 mittelgroße Rote Bete (ca. 300 g)
1 großer säuerlicher Apfel

Für das Dressing:
1 vorgekochte Rote Bete aus dem Vakuumpack (ca. 150 g)
100 g Himbeeren, frisch oder tiefgekühlt
1/2 EL frischer Ingwer, fein geraspelt
5 EL Apfelessig
4 EL Olivenöl
2 TL Dijon-Senf
1 TL Salz

Zeitaufwand:
ca. 30 Minuten

Das Olivenöl in einer Pfanne erhitzen und rote Zwiebel und Fenchelsamen ca. 3 Minuten darin anrösten. Abkühlen lassen.

Den Rotkohl mit dem Messer fein schneiden oder grob raspeln. Mit den Händen 3 Minuten kräftig massieren, das bricht die Fasern des Kohls auf, so dass er besser verträglich wird.

Die Rote Bete schälen und grob raspeln. Den Apfel mit der Schale raspeln. Geraspeltes Obst und Gemüse mit der gerösteten Zwiebel und den Fenchelsamen in einer Schüssel vermischen.

Alle Zutaten für das Dressing im Standmixer miteinander cremig pürieren. Zum Salat geben und alles gut vermischen.

FOOD PHARMACY **ROTKOHL**

Rotkohl steckt gepackt voll mit dem Schönheitsvitamin C, das das Kollagen in unserer Haut aufbaut. Seine sekundären Pflanzenstoffe, die ihm die wunderbare Farbe verleihen, heißen Anthocyane. Sie sorgen dafür, dass unsere Zellen vor den Angriffen der freien Radikale geschützt sind und gewebezerstörende Enzyme neutralisiert werden. Seine Ballaststoffe machen nicht nur lange satt, sondern fördern auch die Verdauung und reinigen das Magen-Darm-System.

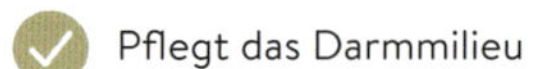

GERÖSTETER BIRNEN-FELDSALAT MIT THYMIANDRESSING

Die süße Birne und der herbe Thymian sind ein Paar, das sich unheimlich gut ergänzt. Ihre Kombination steht stellvertretend für das, was mich beim Kochen interessiert: die Harmonie, die entsteht, wenn man vermeintliche Gegensätze aufeinandertreffen lässt, um dann erstaunt und voller Zufriedenheit festzustellen, dass sich etwas ganz Besonderes daraus entwickelt hat.

Für 2 Personen:

Für den Salat:
120 g Feldsalat
1 EL Olivenöl
1 kleine Zwiebel, geschält und gehackt
300 g feste Williams-Birnen, entkernt und gewürfelt
1 EL frische Thymianblättchen
1/3 TL Salz
1 EL Apfelessig
50 g Walnusshälften, grob gehackt
optional dazu: 100 g zerkrümelter Schaf-Feta

Für das Dressing:
2 TL Dijon-Senf
2 TL Ahornsirup, Grad A
1/2 TL Salz
2 EL Apfelessig
4 EL Olivenöl
1 TL frische Thymianblättchen

Zeitaufwand:
ca. 20 Minuten

Den Feldsalat gründlich waschen und trocken schleudern. In eine große Schüssel füllen.

Olivenöl in einer Pfanne erhitzen, die gehackte Zwiebel hinzufügen und unter Rühren 2 Minuten anschwitzen lassen. Die gewürfelten Birnen und die Thymianblättchen hinzufügen und ca. 3 Minuten anbraten. Salzen, Apfelessig hinzufügen und vom Herd nehmen. Die gehackten Walnusshälften für später beiseitestellen.

Für das Dressing Senf, Ahornsirup, Salz und Apfelessig in einer Tasse glatt verrühren. Olivenöl in eine extra Tasse abfüllen und unter Rühren in einem dünnen Strahl zu den restlichen Dressingzutaten gießen, bis eine dickflüssige Sauce entsteht. Zum Schluss den Thymian hinzufügen.

Den Feldsalat mit dem Dressing vermischen, auf zwei Teller geben, mit der Birnen-Zwiebel-Thymian-Mischung aus der Pfanne, den gehackten Walnusshälften und (optional) dem zerkrümelten Schaf-Feta anrichten und servieren.

FOOD PHARMACY **BIRNEN**

Birnen enthalten große Mengen Ballaststoffe, die für unsere Darmgesundheit wichtig sind und die guten Darmbakterien pflegen. Ihr wasserlöslicher Ballaststoff Pektin bindet Giftstoffe im Magen-Darm-Trakt und hilft, diese zügig auszuscheiden.

 Wirkt entzündungshemmend  Verbessert die Haarstruktur

RÖSTKARTOFFELSALAT MIT BOHNEN UND ERBSEN

Ich finde, es ist an der Zeit für eine kleine Liebeserklärung an die Kartoffel. Zu lange wurde sie verunglimpft und als leerer Dickmacher bezeichnet. Und das völlig zu Unrecht. Denn wenn man sie nicht gerade in Form von Kartoffelchips oder frittierter Pommes zu sich nimmt, ist sie ein gesundes und nährstoffreiches Lebensmittel. Schon mit einer mittelgroßen Kartoffel nehmen wir ein Drittel unseres täglichen Vitamin-C-Bedarfs auf. Und schön macht sie obendrein: Ihr Eisen-, Vitamin-B_6-, Mangan- und Kupfergehalt sorgen für gesundes und lebendiges Haar.

Für 2 Personen als Hauptgericht oder für 4 Personen als Beilage:

800 g kleine, neue Bio-Kartoffeln
100 ml Olivenöl (plus 1 EL zum Marinieren der Kartoffeln)
Salz
300 g grüne Bohnen, die Enden abgeschnitten
400 g Tiefkühlerbsen
1 Knoblauchzehe, geschält
5 EL frisch gepresster Zitronensaft
2 TL Dijon-Senf
frisch gemahlener schwarzer Pfeffer

Zeitaufwand:
ca. 45 Minuten

Den Backofen auf 180 °C Ober-/Unterhitze vorheizen.

Die Kartoffeln waschen und je nach Größe in Hälften oder Viertel schneiden. In einer Schüssel mit 1 Esslöffel Olivenöl und 1 Teelöffel Salz vermischen und auf einem mit Backpapier ausgelegten Backblech gleichmäßig verteilen. 30 Minuten auf mittlerer Schiene backen. Wenn die Kartoffeln am Ende der Backzeit noch nicht knusprig und braun sind, weitere 3–5 Minuten bei Oberhitze und Umluft backen.

In der Zwischenzeit die grünen Bohnen in reichlich Salzwasser ca. 8 Minuten al dente kochen, in ein Sieb abgießen und kurz kalt abspülen.

Die Tiefkühlerbsen in eine Schüssel geben und mit kochendem Wasser übergießen. Nach 2–3 Minuten in ein Sieb abgießen. Die Hälfte der Erbsen zusammen mit 100 ml Olivenöl, Knoblauch, Zitronensaft, Senf, 1 Teelöffel Salz und etwas frisch gemahlenem schwarzem Pfeffer im Standmixer pürieren. Das ist das Dressing.

Kartoffeln, Bohnen, restliche Erbsen und Dressing in einer Schüssel miteinander vermischen, gegebenenfalls mit Salz und Pfeffer abschmecken, auf Teller verteilen und servieren.

Dazu passt: gebratenes Lachsfilet, geräucherte Forelle oder ein Stückchen gebratenes Huhn. Das ist auch ein guter Beilagensalat fürs Grillen.

- Beugt der Hautalterung vor
- Verbessert den Haarwuchs

GRANATAPFEL-BELUGALINSEN-SALAT

In der Mythologie ist der Granatapfel die Frucht der Göttin der Liebe und Schönheit: Aphrodite. Und tatsächlich haben die sekundären Pflanzenstoffe des Granatapfels eine verjüngende und angeblich auch lustfördernde Wirkung. In diesem einfachen Salat kombiniere ich den Granatapfel mit dem »Kaviar unter den Linsen«, den sogenannten Belugalinsen, die eine super Quelle pflanzlichen Proteins sind und außerdem Folsäure enthalten, die den Zellaufbau unterstützt. Auf die Liebe! Auf die Schönheit!

Für 2 Personen:

Für den Salat:
150 g Belugalinsen
300 ml Wasser
1/3 TL Salz
1 EL Olivenöl
1 kleine Zwiebel, geschält und in Ringe geschnitten
1 Granatapfel
1 Handvoll gehacke Petersilie
1 Handvoll gehackte Minze

Für das Dressing:
3 EL Olivenöl
3 EL frisch gepresster Zitronensaft
1 TL Dijon-Senf
ca. 3/4 TL Salz

Zeitaufwand:
ca. 45 Minuten

Die Belugalinsen in ein Sieb geben und abwaschen. Dann mit dem Wasser in einem Topf zum Kochen bringen. Die Hitze reduzieren und bei geschlossenem Deckel ca. 30 Minuten simmern lassen, bis die Linsen bissfest sind. Erst am Ende der Kochzeit salzen. In ein Sieb geben und kalt abspülen. In eine Schüssel füllen und komplett abkühlen lassen.

Das Olivenöl in einer kleinen Pfanne erhitzen und darin die Zwiebelringe unter Rühren 2 Minuten dünsten. Abkühlen lassen.

Den Granatapfel in 2 Hälften schneiden. Die Hälften nacheinander mit der Schnittseite nach unten über eine große Schüssel halten und mit einem Kochlöffel die Kerne herausschlagen. Mit den gehackten Kräutern vermischen.

Alle Zutaten für das Dressing miteinander glatt vermischen. Dann mit Linsen, Zwiebeln und der Granatapfelkern-Kräuter-Mischung vermengen und sofort servieren

FOOD PHARMACY **GRANATAPFEL**

Granatapfelextrakt wird mit gutem Grund in Anti-Aging-Pflegeprodukten eingesetzt, denn seine sekundären Pflanzenstoffe wirken Hand in Hand der Faltenbildung entgegen. Sie verhindern Entzündungen, die zu vorzeitigen Alterungserscheinungen führen, regen den Stoffwechsel an, so dass alle Zellen mit Energie versorgt werden, und reinigen die Lymphe und das Blut, was sich unter anderem an einem klaren Hautbild bemerkbar macht.

méxico
LIVE IT TO BELIEVE IT

SCHÖN&SCHNELL

Snacks und Kleinigkeiten für genussvolle Momente zwischendurch

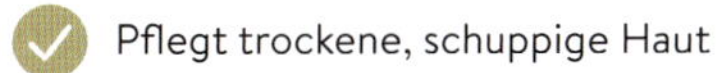

HANFKUGELN FÜR DEN EIGENBEDARF

Ich brauche nachmittags zu meinem Tee immer eine kleine Süßigkeit. Und im besten Falle ist sie selbst gemacht und enthält gute Zutaten, die mir Energie für den Rest des Arbeitstags geben, anstatt mich nach einem kurzen Zuckerhoch ins Nachmittagstief fallen zu lassen. So habe ich diese Hanfkugeln entwickelt, die mir den gewünschten Schokoladenkick verpassen, aber Zutaten enthalten, die noch ein bisschen mehr können: Hanfsamen pflegen Haut und Haar mit hochwertigen Pflanzenproteinen; Kakaopulver wirkt entzündungshemmend; Kokosöl regt den Stoffwechsel an; Macapulver erhöht die Konzentrationsfähigkeit; und Zimt reguliert den Blutzuckerspiegel. Mehr kann man von einer Süßigkeit ehrlich nicht verlangen!

Die 3 Esslöffel Hanfsamen zum Beschichten der Kugeln auf einen Teller geben. Alle anderen Zutaten in der Küchenmaschine miteinander zu einem klebrigen Teig pürieren.

Teelöffelgroße Portionen des Teigs entnehmen, zu Kugeln formen und in den Hanfsamen rollen, bis sie rundum davon bedeckt sind.

Die Kugeln 2 Stunden zum Aushärten in den Kühlschrank geben. In einem luftdicht verschlossenen Gefäß im Kühlschrank aufbewahren.

Für ca. 22 Stück:

50 g geschälte Hanfsamen (plus 3 EL zum Beschichten)
120 g Medjool-Datteln, entkernt und grob gehackt
2 EL rohes Kakaopulver, ungesüßt
2 EL natives Kokosöl, geschmolzen
2 TL Macapulver
1 TL Zimtpulver
1/2 TL Ingwerpulver
1/4 TL Salz

Zeitaufwand:
20 Minuten plus 2 Stunden Wartezeit

FOOD PHARMACY **HANFSAMEN**

In einem chinesischen Dorf namens Bama Yao leben besonders viele gesunde Menschen, die bereits über hundert Jahre alt sind. Bei einem Blick auf ihren Speiseplan stellte sich heraus, dass sie besonders häufig Hanfsamen essen. Und tatsächlich beinhalten Hanfsamen eine Vielzahl lebenswichtiger Vitalstoffe, die eine durchweg positive Wirkung auf die Gesundheit und den Alterungsprozess haben: Calcium, Kalium, Magnesium, Schwefel, Eisen, die Vitamine A, B, C, D und E, Omega-3-Fettsäuren, die seltene Gamma-Linolensäure und viele Antioxidanzien. Dazu liefern sie ein ausgewogenes Aminosäurenprofil, das unser Körper für den Aufbau seiner Zellen benötigt und das relevant ist für schöne Haut, Nägel und Haare.

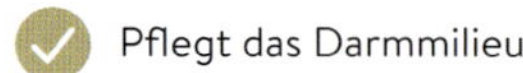

KOKOSJOGHURT

Kokosjoghurt selbst zu machen geht eigentlich ähnlich einfach wie Pudding kochen, nur dass man einige Stunden Wartezeit einplanen muss, bis er fermentiert ist. Die Belohnung ist ein cremiger, unheimlich leckerer Joghurt mit angenehmer Kokosnote, den du pur, zum Granola oder mit Obst essen kannst.

Für ca. 700 g Joghurt:

2 Dosen Kokosmilch
2 EL Maisstärke
3 probiotische Kapseln*
optional: 1 EL Ahornsirup, Grad A

* Bekommst du in der Apotheke, im Reformhaus oder online.

Zeitaufwand:
15 Minuten plus
20 Stunden Wartezeit

Die Kokosmilch in einem Topf zum Kochen bringen.

Die Maisstärke in einer kleinen Schüssel mit 4 Esslöffeln Wasser glatt verrühren. Sobald die Kokosmilch kocht, kurz vom Herd nehmen und die angerührte Maisstärke mit einem Schneebesen untermischen. Das Ganze unter Rühren zum Köcheln bringen und nach ca. 2 Minuten vom Herd nehmen und abkühlen lassen.

Wenn die Mischung nur noch handwarm ist, die probiotischen Kapseln öffnen und das Pulver mit dem Schneebesen unterrühren. Den Ahornsirup hinzufügen und alles gut vermischen.

Weiterverarbeitung mit Joghurtmaschine: Die Joghurtmischung nach Herstelleranweisung 14 Stunden in die Maschine geben. Dann für weitere 6 Stunden in den Kühlschrank stellen. Anschließend in eine Schüssel füllen und mit dem Schneebesen mindestens 1 Minute gut verrühren, bis eine cremige Konsistenz entsteht. Im Kühlschrank aufbewahren und innerhalb von 5 Tagen verbrauchen.

Weiterverarbeitung ohne Joghurtmaschine: 1–2 Schraubdeckelgläser mit insgesamt 800 ml Füllmenge mit kochendem Wasser füllen, um sie zu sterilisieren. Das Wasser ausgießen und die Joghurtmischung ins Glas füllen. Mit dem Deckel verschließen und ca. 14 Stunden an einen warmen Ort stellen, zum Beispiel in die Nähe der Heizung oder in den auf 50 °C vorgeheizten und wieder ausgeschalteten Backofen, oder zusammen mit einer Wärmflasche in ein Handtuch einschlagen. Dann für weitere 6 Stunden in den Kühlschrank stellen. Anschließend in eine Schüssel füllen und mit dem Schneebesen mindestens 1 Minute gut verrühren, bis eine cremige Konsistenz entsteht. Im Kühlschrank aufbewahren und innerhalb von 5 Tagen verbrauchen.

Verbessert das Hautbild

Wirkt entzündungshemmend

OMEGA-3-CRACKER

Diese glutenfreien Cracker sind ein Standard bei mir zu Hause. Ich bereite sie oft noch in letzter Minute zu, wenn ich gerne etwas zum Knabbern hätte beim Kinoabend auf dem Sofa. Durch die Lein- und Chiasamen enthalten die Cracker eine große Menge entzündungshemmender Omega-3-Fettsäuren.

Für 1 Backblech:

70 g Buchweizenmehl
70 g geschroteter Leinsamen
1 EL Chiasamen
1/2 TL Salz
1 TL Fenchelsamen
1/2 TL Kümmelsamen
100 ml Wasser
2 EL Olivenöl
2 EL Sesam

Zeitaufwand:
ca. 40 Minuten

Den Backofen auf 180 °C Ober-/Unterhitze vorheizen.

In einer Schüssel alle Zutaten außer dem Sesam miteinander vermischen. Den Teig 10 Minuten ruhen lassen, dann zur Kugel formen.

Ein Backblech mit Backpapier auslegen und den Teig daraufgeben. Mit einem weiteren Blatt Backpapier bedecken und mit einem Wellholz (oder einer leeren Weinflasche) dünn ausrollen.

Den Sesam in einer Pfanne trocken anrösten, bis er zu duften beginnt. Dann gleichmäßig auf der Teigoberfläche verteilen. Das Ganze 18–20 Minuten backen. Anschließend auskühlen lassen und in Stücke brechen.

FOOD PHARMACY **LEINSAMEN**

In Leinsamen kommen vorwiegend Omega-3-Fettsäuren vor, die allgemein entzündungshemmend wirken und so auch Hautirritationen, Rötungen und Ausschläge beruhigen. Gleichzeitig regulieren sie die natürliche Fettproduktion der Haut und verhelfen zu einem glatten Hautbild.

GRÜNKOHLCHIPS

Als Thomas und ich in Los Angeles wohnten, gab es in den dortigen Bioläden winzig kleine Tüten mit Grünkohlchips zu kaufen – natürlich für viel Geld. Überhaupt begann in jener Zeit der große Hype um den früher als spießig geltenden Kohl. Und das zu Recht, denn als Salat oder als Chips schmeckt er unheimlich gut und steht an der Spitze der Lebensmittel, die im Verhältnis zu ihren Kalorien die meisten Vitalstoffe enthalten.

Für 2 Personen:

170 g Grünkohlblätter
3/4 EL Olivenöl
1/2 TL Paprikapulver
1/5 TL Kreuzkümmelpulver
1/8 TL Cayennepfeffer
etwas frisch gemahlener schwarzer Pfeffer
1/3 TL Salz

Zeitaufwand:
ca. 30 Minuten

Den Backofen auf 150 °C Ober-/Unterhitze vorheizen.

Die Grünkohlblätter waschen und mit einem sauberen Küchenhandtuch sorgfältig abtrocknen. Den harten Stengel in der Mitte entfernen und nur die weichen Blätter weiterverwenden.

Das Olivenöl mit Gewürzen und Salz mischen und in einer Schüssel mit den Grünkohlblättern gründlich vermischen und etwas in die Blätter einmassieren.

2 Backbleche mit Backpapier auslegen und die Grünkohlblätter gleichmäßig und ohne einander zu überlagern darauf verteilen. Die Bleche mit dem Grünkohl nacheinander auf der mittleren Schiene ca. 12 Minuten backen. Zwischendurch kontrollieren, dass die Blätter nicht verbrennen. Die Grünkohlchips sind fertig, sobald sie knusprig sind.

FOOD PHARMACY **GRÜNKOHL**

Bereits 50 g Grünkohl pro Tag reichen aus, um unseren Körper zu mehr als 100 Prozent mit den Schönheitsvitaminen A und C zu versorgen, die die Haut glätten und aufbauen. So wie die meisten grünen Blattgemüse hat Grünkohl außerdem eine reinigende Wirkung auf die Leber, was ebenfalls ein klares Hautbild unterstützt.

Wirkt entzündungshemmend

Regt die Verdauung an

WELLNESS-POPCORN

Ach Popcorn, wie kann man dich nicht lieben? Du bist leicht zu haben, billig und dabei doch so herrlich unschuldig. Mit dir kann man faule Abende auf dem Sofa verbringen, aber auch auf Partys kommst du super an. Ich mag dich gerne pur, aber in einem aromatischen Kleid aus Kurkuma mit einem Hauch von Zitrone hinterm Ohr bist du einfach was Besonderes. Du kannst Gosse und du kannst Wellnesstempel – das macht dich zu einem wahrhaft großartigen Snack für jede Gelegenheit.

Das Olivenöl in einem großen Topf mit passendem Deckel bei mittlerer Hitze erwärmen. Den Popcornmais hinzufügen und darauf achten, dass er sich gleichmäßig verteilt und nicht überlagert. Den Deckel geschlossen halten. Nach einer Weile sind die ersten Popp-Geräusche zu hören. Etwa 5 Minuten warten, bis alle Maiskörner gepoppt sind. Das Popcorn in eine große Schüssel füllen.

Alle Zutaten für das Aroma vermischen, über das Popcorn gießen und mit den Händen vermischen, bis das Popcorn gleichmäßig gelb ist (danach die Hände gründlich waschen). Fertig.

Für 2 Personen:

Für das Popcorn:
1,5 EL Olivenöl
100 g Bio-Popcornmais

Für das Aroma:
4 EL Olivenöl
1 EL frisch gepresster Zitronensaft
1 TL Bio-Zitronenöl*
2 TL Kurkumapulver
1 TL Salz
frisch gemahlener schwarzer Pfeffer

* Bekommst du in der Backabteilung im Bioladen.

Zeitaufwand:
ca. 15 Minuten

FOOD PHARMACY **POPCORN**

Popcorn ist ein Beauty-Snack – ehrlich! Denn Popcornmais enthält eine Fülle an sekundären Pflanzenstoffen, die unsere Zellen vor der Schädigung durch freie Radikale schützen. Ein Wissenschaftler der Universität von Scranton in Pennsylvania hat entdeckt, dass Popcorn durch seine Polyphenole eine ähnlich starke antioxidative Wirkung hat wie Obst und Gemüse. Kombiniert mit entzündungshemmendem Kurkuma wird diese Wirkung noch um ein Vielfaches verstärkt. Darüber hinaus pflegen die natürlichen Ballaststoffe im Popcorn das Darmmilieu und regen die Verdauung an.

SCHÖN&DURSTIG
Smoothies, Limonaden und Lassis mit Beauty-Potenzial

Beugt der Faltenbildung vor   Schützt die Hautzellen vor Schädigungen

GRÜNER NEKTARINEN-EISTEE

Gekühlter Grüntee mit Nektarinenaroma ist für mich das ultimative Sommergetränk. Seine Wirkstoffe sorgen für eine gesunde Haut und schützen die Zellen vor freien Radikalen, auch und gerade in den warmen Monaten, in denen die Haut vermehrt dem Sonnenlicht ausgesetzt ist.

Für 1 Liter:

750 ml Wasser
4 Beutel grüner Tee (alternativ: 4 TL loser grüner Tee)
2 reife Nektarinen (alternativ: Pfirsiche), entkernt und in grobe Stücke geschnitten
2 EL Limettensaft
2 EL Ahornsirup, Grad A

Zeitaufwand:
10 Minuten plus Kühlzeit

Das Wasser zum Kochen bringen. Den Grüntee in eine Teekanne geben und mit dem Wasser übergießen. 5 Minuten ziehen lassen. Dann die Teebeutel entfernen und den Tee komplett abkühlen lassen.

Den Tee zusammen mit den Nektarinenstücken im Standmixer pürieren. Durch ein Sieb in eine Kanne gießen und mit einem Löffel ausstreichen. Mit Limettensaft und Ahornsirup vermischen. Kühl servieren.

FOOD PHARMACY **GRÜNER TEE**

In Japan gilt grüner Tee bereits seit Jahrhunderten als Jungbrunnen-Getränk. Und tatsächlich kann die Wissenschaft heute belegen, was in Asien schon lange als erwiesen gilt: Die Polyphenole und Flavanoide des Grüntees wirken als Schutzschild der Haut und verhindern effektiv die Faltenbildung. Seine antioxidativen Eigenschaften sollen sogar die des Vitamins C weit übertreffen.

Verlangsamt die Hautalterung

Hält die Blutgefäße jung

BLAUBEER-GOJI-SMOOTHIE

Es ist wohl keine Neuigkeit, dass Blaubeeren eine echte Beauty-Zutat sind. Für ihre blaue Farbe sind Anthocyane verantwortlich, die den Alterungsprozess der Haut verlangsamen und entzündungshemmend wirken. Zusammen mit den kleinen Goji-Beeren entfalten sie einen echten Masterplan für die Schönheit, denn die Traditionelle Chinesische Medizin beschreibt die Goji-Beere mit ihrer Vielzahl an Anti-Aging-Stoffen als Frucht »für ein langes Leben«.

Für 2 Portionen:

2 EL getrocknete Goji-Beeren
250 g Blaubeeren (frisch oder tiefgekühlt und aufgetaut)
1 Banane, geschält und in Stücke geschnitten
4 EL Haferflocken, Feinblatt
500 ml ungesüßte Hafermilch

Zeitaufwand:
ca. 10 Minuten

Die Goji-Beeren in einer kleinen Schüssel mit heißem Wasser bedecken und 5 Minuten einweichen lassen. Das Wasser abgießen und die Goji-Beeren mit den restlichen Zutaten im Standmixer oder mit dem Pürierstab cremig pürieren. In 2 Gläser füllen und servieren.

FOOD PHARMACY **BLAUBEEREN**

Die Anthocyane in Blaubeeren verlangsamen nicht nur die Hautalterung, sondern halten auch die Blutgefäße jung, verbessern das Gedächtnis und die Sehkraft und wirken generell entzündungshemmend. Die Schönheitsvitamine C und E sind gleich im Doppelpack enthalten, was deren Wirksamkeit noch erhöht, da Vitamin C die Fähigkeit hat, Vitamin E wiederzubeleben, nachdem dieses freie Radikale abgewehrt hat.

3
THIRD

Unterstützt die gesunden Genfunktionen

Regt die Fettverbrennung an

KURKUMA-LATTE

Kurkuma-Latte ist eine wunderbare, koffeinfreie Alternative zum Milchkaffee, denn sie ist genauso cremig und hat viele gute Eigenschaften: Sie stärkt das Immunsystem, regt den Stoffwechsel an und entgiftet sanft.

Für 2 Personen:

300 ml ungesüßte Mandelmilch
1/2 TL Zimtpulver
2 TL frisch geriebener Ingwer
2 TL Kurkumapulver
1 Prise schwarzer Pfeffer
2–3 TL Honig

Zeitaufwand:
ca. 8 Minuten

Mandelmilch in einem Topf mit Zimt, frisch geriebenem Ingwer, Kurkuma und schwarzem Pfeffer vermischen und zum Kochen bringen. Sobald die Flüssigkeit kocht, vom Herd nehmen und durch ein Sieb in einen zweiten Topf abgießen. Honig unterrühren. Mit einem Milchschäumer aufschäumen und in 2 hitzebeständige Gläser füllen. Sofort servieren.

FOOD PHARMACY **KURKUMA**

Kurkuma ist eine der wichtigsten Heilpflanzen der Welt. Ihr aktiver Wirkstoff Curcumin ist ein starkes Antioxidans. Neueste Forschungen gehen davon aus, dass Curcumin sogar vor Alzheimer-Demenz schützen soll. Und tatsächlich ist es so, dass die Krankheit in Indien, wo täglich Kurkuma gegessen wird, kaum vorkommt. Aber Kurkuma ist auch im Dienste der Schönheit unterwegs, indem es die Fettverbrennung beschleunigt und so eine schlanke Linie unterstützt. Gleichzeitig entgiftet es den Körper und unterstützt die Bindung von Feuchtigkeit in der Haut, was zu einem glatten, strahlenden Teint führt.

GURKEN-DILL-LASSI

Dieser Lassi erfrischt an einem warmen Tag, beruhigt aber auch die Geschmacksnerven während eines scharfen indischen oder asiatischen Essens. Auf die Haut wirkt der Lassi wie eine Feuchtigkeitskur von innen, denn Gurke liefert viel wertvolles Pflanzenwasser, das die Haut nährt und prall aussehen lässt. Frischer Dill addiert noch seine entzündungshemmende und magenfreundliche Wirkung dazu, und so entsteht ein Wellnessdrink, der mit jedem Schluck guttut.

Für 2 Portionen:

- 300 g Gurke, geschält und grob gewürfelt
- 2 EL grob gehackter frischer Dill
- 300 g ungesüßter Sojajoghurt natur (alternativ: anderer Naturjoghurt)
- 2 EL frisch gepresster Zitronensaft
- 2 EL Ahornsirup, Grad A (alternativ: ein paar Tropfen Stevia-Süße)
- 1 Prise Salz

Zeitaufwand:
ca. 10 Minuten

Alle Zutaten im Standmixer miteinander cremig pürieren. In 2 Gläser füllen und servieren.

FOOD PHARMACY **GURKE**

Außer einer großen Menge Pflanzenwasser enthalten Gurken auch Vitamin C und wertvolle Mineralien, die die Haut pflegen. Ihr Silizium hilft beim Aufbau von Kollagen, es unterstützt ein glattes und flexibles Hautbild und wirkt der Faltenbildung entgegen.

Wirkt entzündungshemmend

Erhöht die Flexibilität der Haut

KAROTTEN-APFEL-INGWER-PUNSCH

Dies ist eins meiner liebsten Getränke für die kalte Jahreszeit. Frisch entsaftete Karotten, Äpfel und Ingwer werden mit Zimt und Sternanis erhitzt und wärmen und nähren ganz wunderbar von innen.

Für 2 Personen:

1 kg Karotten
2 mittelgroße Äpfel
50 g frischer Ingwer
2 Zimtstangen
1 Sternanis

Zeitaufwand:
ca. 25 Minuten

Karotten, Äpfel und Ingwer entsaften. Mit Zimtstangen und Sternanis in einen Topf geben und behutsam erhitzen. Nicht kochen lassen. Sobald die Flüssigkeit heiß ist, vom Herd nehmen und bei geschlossenem Deckel 15 Minuten ziehen lassen. Zimtstangen und Sternanis entfernen und den Punsch warm servieren.

WELLCUISINE-TIPP: Es ist wichtig, dass der Saft sanft erhitzt wird und nicht kocht, denn sonst beginnt er zu flocken.

FOOD PHARMACY **INGWER**

Ingwer wärmt zwar von innen, wirkt gleichzeitig aber »kühlend« auf Entzündungen und lässt Hautrötungen abklingen. Seine Antioxidanzien schützen die Hautzellen vor Schädigungen und verhindern, dass das Kollagen, das der Haut ihre Elastizität verleiht, vorzeitig abgebaut wird.

ERDBEER-INGWER-SMOOTHIE

Dies ist ein Smoothie, den ich gerne am Nachmittag trinke, wenn ich Lust auf eine leichte Süßigkeit habe. Die Süße der Erdbeeren mit der leichten Schärfe des Ingwers ist das perfekte Mittel gegen Nachmittagsmüdigkeit, und das Vitamin C der Früchte gibt der Haut zugleich noch einen Frischekick.

Die Erdbeeren waschen und den Strunk entfernen. Die Bananen schälen und grob würfeln. Alle Zutaten im Standmixer fein pürieren. In 2 Gläser füllen und servieren.

Für 2 Personen:

300 g Erdbeeren
2 (nicht zu reife) Bananen
30 g frischer Ingwer, geschält
600 ml ungesüßte Hafermilch (alternativ: ungesüßte Mandelmilch)

Zeitaufwand:
ca. 10 Minuten

FOOD PHARMACY **ERDBEEREN**

Erdbeeren sind nicht nur superlecker, sondern entwickeln im Körper auch Superkräfte im Dienste der Schönheit. Sie wirken entzündungshemmend und damit allen Alterungserscheinungen entgegen. Ihr hoher Vitamin-C-Gehalt baut das Kollagen unserer Haut auf und schützt die Hautzellen vor Schädigungen durch freie Radikale.

Entgiftet sanft

Hemmt Entzündungen

SUPERFOOD-LIMONADE

In dieser Limonade ist alles enthalten, was aromatisch schmeckt und den Körper mit Vitalstoffen versorgt, die entzündungshemmend, aufbauend und stärkend wirken. An einem warmen Tag ist sie wunderbar erfrischend, an einem kalten Tag kann sie auch sanft erwärmt getrunken werden.

Für ca. 1,25 Liter:

25 g frischer Ingwer
20 g Kurkumawurzel (alternativ: 1 TL Kurkumapulver)
1 Prise schwarzer Pfeffer
1 l Wasser
6 EL frisch gepresster Zitronensaft
5 EL Ahornsirup, Grad A

Zeitaufwand:
ca. 10 Minuten

Alle Zutaten (Ingwer und Kurkuma müssen nicht geschält werden) miteinander in den Standmixer geben und pürieren. Durch ein Sieb in eine Kanne oder Flasche gießen und mit einem Löffel ausstreichen. Die Limonade kann sowohl kühl als auch heiß serviert werden.

WELLCUISINE-TIPP: Du kannst die Limonade auch mit nur 3 Esslöffeln Ahornsirup süßen und die restliche Süße über ein paar Tropfen Stevia ergänzen.

FOOD PHARMACY **ZITRONEN**

Zitronen arbeiten wie eine Putzkolonne in unserem Körper. Sie unterstützen die Leber bei der Entgiftung, reinigen das Blut, putzen den Magen-Darm-Trakt und klären die Haut. Ihr Vitamin C gibt unserer Haut einen extra Frischekick und lässt sie strahlen wie frisch poliert.

SCHÖN&SÜSS

Süßigkeiten und Desserts, die einfach glücklich machen. Denn nur wer glücklich ist, ist wahrhaft schön!

- Fördert die Kollagenproduktion
- Schützt die Zellen vor oxidativem Stress

BASILIKUM-EISTÖRTCHEN MIT ERDBEERSAUCE

Dies ist ein elegantes Dessert, das ich für Gelegenheiten empfehle, bei denen du jemanden verwöhnen oder beeindrucken willst (oder beides gleichzeitig). Denn die Farb- und Geschmackskombination von diesem Nachtisch ist einfach was ganz Besonderes.

Für 6 Personen:

Für die Basilikum-Eistörtchen:
100 g Cashewkerne
100 g ungesüßter Sojajoghurt
50 ml Ahornsirup, Grad A
40 g natives Kokosöl, geschmolzen
4 EL frisch gepresster Zitronensaft
30 g Basilikumblätter (plus 12 Blättchen zum Anrichten)

Für die Erbeersauce:
500 g Erdbeeren, frisch oder aufgetaut
2 EL Ahornsirup, Grad A
1 EL frisch gepresster Zitronensaft
frisch gemahlener schwarzer Pfeffer

Zeitaufwand:
ca. 20 Minuten plus 6 Stunden Wartezeit

Die Cashewkerne mit kochendem Wasser übergießen und 30 Minuten einweichen lassen. In ein Sieb geben und mit klarem Wasser abspülen.

Zusammen mit den anderen Zutaten für die Eistörtchen im Standmixer cremig pürieren. In 6 Mulden einer Mini-Gugelhupfform aus Silikon füllen und mindestens 6 Stunden tiefkühlen.

Alle Zutaten für die Erdbeersauce bis auf den Pfeffer miteinander im Standmixer pürieren.

Die Eistörtchen 20 Minuten vor dem Servieren aus dem Tiefkühler holen, damit sie etwas weicher werden. Erdbeersauce auf 6 tiefe Teller verteilen und mit frisch gemahlenem schwarzem Pfeffer bestreuen. Je ein Basilikum-Eistörtchen in die Mitte geben und mit 2 Basilikumblättern garniert servieren.

 Verlangsamt die Hautalterung  Wirkt entzündungshemmend

BEEREN-SUPERCRUMBLE

Crumbles mache ich immer dann, wenn ich Lust auf Kuchen habe, aber zu faul bin, einen zu machen. Denn Crumbles kann man unheimlich schnell zusammenwerfen, und wenn sie ein wenig unordentlich daherkommen, sehen sie erst recht lecker aus. Paart man sie noch mit einer Kugel Vanilleeis, denkt sowieso keiner mehr an Kuchen, sondern schweigt einfach nur und genießt. In dieses Crumble habe ich einige Superfoods gepackt, die innerlich für unsere Schönheit arbeiten, während wir am Tisch sitzen und schlemmen. Brom-, Blau- und Himbeeren liefern wirksame Schutzstoffe für unsere Haut, Mandeln halten den Blutzuckerspiegel stabil, und Chiasamen versorgen uns mit entzündungshemmenden Omega-3-Fettsäuren.

Den Backofen auf 180 °C Ober-/Unterhitze vorheizen.

Alle Zutaten für das Crumble in einer Schüssel miteinander vermischen (am besten geht das mit den Händen).

In einer zweiten Schüssel alle Zutaten für die Füllung miteinander vermischen.

6 kleine Ofenförmchen mit Kokosöl ausreiben. Die Füllung hineingeben und das Crumble mit den Händen darauf verteilen.

Etwa 25 Minuten backen. Je nach Ofen kann es sein, dass die Oberfläche des Crumbles am Ende der Backzeit noch hell ist. In diesem Fall auf Oberhitze und Umluft umschalten und ca. 3 Minuten backen, bis die Oberfläche gebräunt ist.

Warm servieren.

Für 6 kleine Ofenförmchen:

Für das Crumble:
100 g gemahlene Mandeln
60 g Haferflocken, Feinblatt
1/3 TL Salz
60 g natives Kokosöl, Zimmertemperatur (plus etwas mehr zum Ausreiben der Form)
2 EL Ahornsirup, Grad A

Für die Füllung:
150 g Brombeeren
150 g Blaubeeren
150 g Himbeeren
1 mittelgroßer Apfel, geschält und klein gewürfelt
2 EL Ahornsirup, Grad A
2 EL Chiasamen

Zeitaufwand:
ca. 40 Minuten

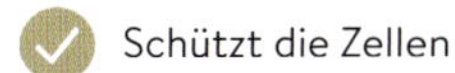

MATCHA- UND HIMBEERMAKRONEN

Bei mir zu Hause gibt es eigentlich fast immer ein paar Makronen, die wir zum Nachmittagstee essen können. Sie sind schnell gemacht und lassen sich mit Matchatee oder getrockneten Himbeeren ganz wunderbar aromatisieren. Das Wissen darum, dass Matchatee und Beeren hochwirksame Anti-Aging-Stoffe enthalten, macht diese kleinen Kugeln sogar noch ein bisschen leckerer.

Für ca. 44 Stück:

Für den Basis-Makronenteig:
160 g Kokosraspel
1/2 TL Salz
100 ml Ahornsirup, Grad A
60 g natives Kokosöl, geschmolzen
1 EL frisch gepresster Zitronensaft

Für das Matchateearoma:
2 TL Matcha
1 EL Zitronensaft

ODER

Für das Himbeeraroma:
20 g gefriergetrocknete Himbeeren, in der Küchenmaschine gemahlen

Zeitaufwand:
ca. 30 Minuten

Den Backofen auf 180 °C Ober-/Unterhitze vorheizen.

Alle Zutaten für den Basis-Makronenteig in einer Schüssel miteinander vermengen.

Jetzt musst du dich entscheiden, ob du Matchatee- oder Himbeermakronen machen willst.

Den Basisteig mit Matchatee- oder Himbeeraroma glatt vermischen.

Ein Backblech mit Backpapier auslegen. Teelöffelgroße Portionen des Teigs entnehmen, mit den Händen zu Kugeln formen, aufs Backpapier setzen und leicht andrücken.

Etwa 8 Minuten backen, bis die Makronen an der Unterkante leicht gebräunt sind. Aufpassen, dass sie auf der Unterseite nicht anbrennen. Wenn vorhanden, am besten ein zweites Backblech unter das Backblech mit den Makronen schieben.

Die Makronen auf dem Blech komplett abkühlen lassen.

FOOD PHARMACY **MATCHATEE**

Matchatee enthält viel mehr gesundheitsfördernde Inhaltsstoffe als regulärer grüner Tee, darunter große Mengen Chlorophyll und Antioxidanzien, die unseren Körper vor Zellschädigungen durch freie Radikale schützen. Chlorophyll wird auch als »flüssiges Sonnenlicht« oder »grünes Blut« bezeichnet, denn es reinigt das Blut und hilft beim Aufbau neuer Blutzellen. Es entgiftet den Körper, stärkt die Funktionen der Leber und wirkt alles in allem wie ein innerer Frühjahrsputz.

 Fördert die Produktion des Anti-Aging-Hormons Melatonin ✓ Unterstützt die Kollagenproduktion

SCHOKOMUFFINS MIT PFLAUMENMUS

Diese Muffins liefern das geballte Pflanzenprotein aus Nüssen – und damit die Bausubstanz für schönes Haar, Haut und Nägel. Ich gebe zu, dass die Zutaten für dieses Rezept nicht ganz günstig sind, aber das Ergebnis ist so verdammt ... GUT! Es lohnt sich einfach. Und wenn's schön macht ...

Für 6 Stück:

120 g Cashewmus*
80 ml Ahornsirup, Grad A
50 ml ungesüßte Mandelmilch
80 g gemahlene Mandeln
2 EL rohes Kakaopulver, ungesüßt
1 TL Weinstein-Backpulver
1/4 TL Salz
6 gehäufte TL ungesüßtes Pflaumenmus*

* Bekommst du im Bioladen oder im Reformhaus.

Zeitaufwand:
ca. 40 Minuten

Den Backofen auf 180 °C Ober-/Unterhitze vorheizen.

Alle Zutaten bis auf das Pflaumenmus miteinander glatt vermischen.

6 Mulden einer Muffinform ausfetten. Von einem Bogen Backpapier 3 jeweils 4 cm breite Streifen der Länge nach abschneiden. In der Mitte noch mal teilen, so dass du 6 Streifen hast. Die Backpapierstreifen in die Mulden der Muffinform legen, so dass die Enden zu beiden Seiten nach oben überstehen. Das werden später die Griffe, mit denen du die Muffins ganz einfach aus der Form heben kannst.

Den Teig auf die 6 Mulden verteilen. In die Mitte jeweils einen gehäuften Teelöffel Pflaumenmus setzen und leicht in den Teig hineindrücken. Die Muffins ca. 25 Minuten backen. In der Form abkühlen lassen, dann mit einem Messer leicht vom Rand der Form lösen und an den Backpapierstreifen herausziehen.

Kräftigt Haar und Nägel

Regt die Verdauung an

ERDBEER-CHEESECAKE-EISTÖRTCHEN

Ich muss hier eine Warnung aussprechen: Vielleicht solltest du dieses Rezept besser nicht ausprobieren. Ja genau, lass es einfach. Denn es könnte sein, dass du süchtig wirst nach kühlem Erdbeereis mit Haselnüssen und Schokolade. Und dann gibst du mir die Schuld. Dabei habe ich schon genug zu tun mit meiner eigenen Sucht und muss zusehen, dass ich mit der Produktion der Eistörtchen nachkomme. Also blätter einfach schnell weiter und vergiss, was du gerade gesehen hast!

Für 12 Stück:

Für die Erdbeer-Cheesecake-Creme:
200 g Cashewkerne
300 g Erdbeeren (frisch oder tiefgekühlt und aufgetaut)
50 ml Ahornsirup, Grad A
4 EL frisch gepresster Zitronensaft
80 g natives Kokosöl, geschmolzen

Für den Boden:
180 g Haselnüsse
120 g Medjool-Datteln, entkernt und in grobe Stücke geschnitten
2 EL frisch gepresster Zitronensaft
1 EL natives Kokosöl, geschmolzen
1/2 EL Ahornsirup, Grad A
1/4 TL Salz

Für die Deko:
1 EL natives Kokosöl, geschmolzen
1 EL Ahornsirup, Grad A
1 EL rohes Kakaopulver, ungesüßt

Zeitaufwand:
ca. 40 Minuten plus 6 Stunden Wartezeit

Die Cashewkerne für die Erdbeer-Cheesecake-Creme entweder 4 Stunden in kaltem Wasser einweichen oder 10 Minuten in Wasser kochen, abgießen und komplett abkühlen lassen. Anschließend in einem Sieb mit frischem Wasser abspülen und abtropfen lassen. Zusammen mit den anderen Cheesecake-Creme-Zutaten im Mixer 2–3 Minuten auf höchster Stufe fein pürieren.

Die Haselnüsse für den Boden in der Küchenmaschine grob zerkleinern. Mit den übrigen Bodenzutaten in der Maschine zu einem stückigen Teig verarbeiten.

Eine 12er-Muffinform mit passenden Papierförmchen auskleiden, und den Teig für den Boden gleichmäßig auf die Mulden verteilen und mit den Händen andrücken. Die Creme gleichmäßig auf dem Boden verteilen und das Ganze mindestens 6 Stunden tiefkühlen.

Die Törtchen aus dem Tiefkühler nehmen und die Papierförmchen entfernen.

Geschmolzenes Kokosöl, Ahornsirup und Kakaopulver für die Deko glatt vermischen. Eine Gabel in die Flüssigkeit tauchen und die Törtchen damit beträufeln. Direkt servieren oder bis zum Servieren im Tiefkühler aufbewahren.

Die Törtchen können über mehrere Wochen in einer verschlossenen Tupperdose im Tiefkühler aufbewahrt werden. 20 Minuten vor dem Servieren herausnehmen und etwas antauen lassen.

 Verbessert den UV-Schutz der Haut  Stärkt die Sehkraft

APRIKOSEN-ROSMARIN-TARTE

Gute Geschmackskombinationen sind pure Alchimie. Man kann nicht genau beschreiben, warum, aber manchmal kommen Aromen zusammen, die einfach perfekt zueinander passen. In dieser Tarte trifft die süß-säuerliche Aprikose auf den herb-aromatischen Rosmarin. Und egal, ob du gerade in deiner Wohnung in Hamburg oder in Düsseldorf sitzt, gedanklich bist du urplötzlich in einem provençalischen Garten am Spätnachmittag, wo die Bienen summen, die Kräuter sich im Wind wiegen und die Früchte schwer am Baum hängen …

Für eine 26-cm-Springform:

Für den Mürbteig:
100 g natives Kokosöl, Zimmertemperatur
200 g Dinkelmehl, Type 1050
1/2 TL Salz
1,5 EL Ahornsirup, Grad A
1 EL ungesüßtes Apfelmus

Für die Füllung:
500 g Aprikosen, in Hälften geschnitten und entkernt
1 EL Kokosblütenzucker
300 g ungesüßter Sojajoghurt (alternativ: ein anderer pflanzlicher Joghurt)
2 EL Maisstärke
1 EL frisch gepresster Zitronensaft
70 ml Ahornsirup, Grad A
1 EL gehackter Rosmarin

Zeitaufwand:
ca. 45 Minuten plus 30 Minuten Wartezeit

Die Zutaten für den Mürbteig miteinander in einer Küchenmaschine glatt vermischen. Es sollte ein elastischer Teig entstehen. Wenn der Teig zu trocken ist, 1–2 Esslöffel kaltes Wasser untermischen. Den Teig zur Kugel formen, in Folie wickeln, flach drücken und 30 Minuten in den Kühlschrank legen.

Den Backofen auf 180 °C Ober-/Unterhitze vorheizen.

Den Mürbteig in eine gefettete Springform bröseln, mit den Händen gleichmäßig darin verteilen, einen hohen Rand formen und fest andrücken. Den Rand mit einer Gabel gleichmäßig eindrücken, so dass ein Zackenmuster entsteht. Den Teigboden mit der Gabel mehrmals einstechen, damit sich der Teig während des Backens nicht nach oben wölbt. 12 Minuten blind backen.

Die Aprikosenhälften mit der Schnittseite nach oben gleichmäßig auf dem Boden verteilen und mit dem Kokosblütenzucker bestreuen. Sojajoghurt, Maisstärke, Zitronensaft und Ahornsirup glatt vermischen und über die Aprikosen gießen. Mit gehacktem Rosmarin bestreuen und 20 Minuten backen. Dann auf Umluft und Oberhitze umschalten und weitere 5 Minuten backen.

FOOD PHARMACY **APRIKOSEN**

Aprikosen statt Sonnencreme? Nicht ganz. Und doch schützen die süßen Früchte unsere Haut vor Schädigungen durch UV-Strahlen. Verantwortlich dafür sind ihre Antioxidanzien Vitamin A und E sowie das Flavanoid Quercetin. Außerdem wirken Aprikosen basisch auf den Körper und unterstützen so ein gesundes pH-Milieu, das verhindert, dass Entzündungen entstehen.

Aktiviert den Zellschutz

Regt den Stoffwechsel an

ROTWEINBIRNEN MIT GESALZENER SCHOKO-KARAMELL-SAUCE

Diese Birnen nehmen ein Bad in Rotwein, bevor sie ziemlich beschwipst auf ein weiches Bett aus Schoko-Karamell-Sauce geworfen und genüsslich verspeist werden. Hach, was für eine Liebesgeschichte!

Für 4 Personen:

Für die Rotweinbirnen:
500 ml Rotwein
500 ml roter Traubensaft
2 Zimtstangen
4 kleine, feste Birnen (z. B. Williams)

Für die gesalzene Schoko-Karamell-Sauce:
200 g Medjool-Datteln, entkernt und grob gehackt
40 g natives Kokosöl, geschmolzen
1 EL rohes Kakaopulver
2/3 TL Salz

Zeitaufwand:
ca. 35 Minuten

Rotwein, Traubensaft und Zimtstangen in einem mittelgroßen Topf zum Köcheln bringen.

Die Birnen schälen und in die Flüssigkeit legen. Die Hitze reduzieren und bei geschlossenem Deckel 20 Minuten leise köcheln lassen.

Am Ende der Kochzeit 250 ml des Suds abmessen und zusammen mit Medjool-Datteln, Kokosöl, Kakaopulver und Salz im Standmixer oder in der Küchenmaschine fein pürieren.

Die Sauce auf 4 Schälchen aufteilen. Die Birnen aus dem Sud nehmen und abtropfen lassen. In jede Schale eine Rotweinbirne setzen und servieren.

WELLCUISINE-TIPP: Den restlichen Rotweinsud musst du nicht wegschütten, sondern kannst ihn als heißen Punsch trinken.

FOOD PHARMACY **ROTWEIN**

Rotwein ist in Maßen genossen tatsächlich gut für die Schönheit. Das verdankt er vor allem seinem Pflanzenwirkstoff Resveratrol, der die Zellen vor Stress und Schädigungen schützt. Dabei aktiviert Resveratrol ein Enzym, das die Übertragung und Reparatur unseres genetischen Materials stimuliert.

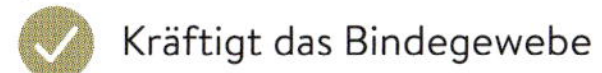

ZITRONEN-MOHN-SCHNITTEN

Wenn du genauso wie ich ein Zitronenfan bist, MUSST du diese Schnitten ausprobieren. Sie sind eins der besten Desserts, die ich kenne – und ich kenne viele ... Das Praktische an ihnen ist, dass du sie im Tiefkühler aufbewahren und immer dann auftauen kannst, wenn du gerade Lust auf sie hast (also vermutlich jeden Nachmittag). Lässt du sie nur kurz auftauen, erhältst du ein Stück Eistorte, wartest du eine halbe Stunde, kannst du sie als Cremeschnitte genießen.

Für 6 Schnitten:

Für die Zitronen-Mohn-Creme:
160 g Cashewkerne
50 ml Ahornsirup, Grad A
60 ml frisch gepresster Zitronensaft
80 g natives Kokosöl, geschmolzen
1 TL Bio-Zitronenöl*
abgeriebene Schale von 1 Bio-Zitrone
1 Prise Salz
1/2 TL Kurkumapulver
1 EL Mohnsamen

Für den Boden:
160 g Mandeln
90 g Medjool-Datteln (ca. 4 Stück), entkernt und in grobe Stücke geschnitten
2 EL frisch gepresster Zitronensaft
1/2 EL Ahornsirup, Grad A
1/4 TL Salz
1 EL Mohnsamen

* Bekommst du in der Backabteilung im Bioladen.

Zeitaufwand:
35 Minuten plus 6 Stunden Wartezeit

Die Cashewkerne für die Zitronen-Mohn-Creme entweder 4 Stunden in kaltem Wasser einweichen oder 10 Minuten in Wasser kochen. Dann in ein Sieb geben, abspülen und abtropfen lassen. Zusammen mit den anderen Creme-Zutaten – außer den Mohnsamen – im Mixer 2–3 Minuten auf höchster Stufe fein pürieren. Anschließend den Mohn mit einem Löffel unter die Creme rühren.

Die Zutaten für den Boden in der Küchenmaschine zu einem stückigen Teig verarbeiten. Eine ca. 20 x 15 cm große Ofenform oder Tupperdose mit Backpapier auskleiden, die Mischung randlos darin verteilen und fest am Boden andrücken.

Die Zitronen-Mohn-Creme gleichmäßig auf dem Nussboden verteilen.

Mindestens 6 Stunden in den Tiefkühler geben, dann mit einem Messer in 6 Stücke schneiden. Im Tiefkühler aufbewahren. Etwa 20 Minuten vor dem Verzehr bei Zimmertemperatur etwas antauen lassen.

WELLCUISINE-TIPP: Wasche deine Bio-Zitronen, trockne sie und friere sie ein. Denn erstens lässt sich gefrorene Zitronenschale einfacher raspeln, und zweitens verliert die weiße Pelle so an Bitterkeit, und du kannst mehr davon verwenden.

FOOD PHARMACY **ZITRONENSCHALE**

Die gesündesten Teile der Zitrone landen leider meistens im Müll: die Schale und die weiße Pelle. Doch in beiden stecken reichlich Flavanoide, die zu den stärksten Zellschützern überhaupt gehören.

SCHÖN&STRAHLEND

Natürliche Körperpflege für einen rosigen Teint, glatte Haut und seidiges Haar

Matchatee ist sowohl von außen als auch von innen gesund. Mir schmeckt er besonders gut als **Matchatee-Latte.** Für 1 Portion 100 ml heißes (aber nicht kochendes) Wasser mit 1 TL Matchateepulver in einer großen Tasse sorgfältig verrühren. 200 ml ungesüßte Mandelmilch erhitzen und mit einem Milchschäumer aufschäumen. Zum Matchatee in die Tasse geben und mit 1–2 Teelöffeln Akazienhonig oder Ahornsirup süßen.

Beugt der Faltenbildung vor

Erfrischt den Teint

MATCHA-ANTIOXIDANZIEN-GESICHTSMASKE

Diese Maske wirkt hautverjüngend durch das Matchateepulver, das einen hohen Anteil an Antioxidanzien liefert, die die Zellen vor Schädigungen schützen. Der Honig hat eine befeuchtende Wirkung und lässt den Teint rosig und gesund aussehen.

Alle Zutaten in einer kleinen Schüssel miteinander vermischen. Auf die gereinigte Haut auftragen und 15 Minuten einwirken lassen. Mit Wasser abspülen.

Für 1 Anwendung:

1,5 TL Matchateepulver
2 TL Honig
1 TL Wasser

Zeitaufwand:
ca. 5 Minuten

Klärt die Haut   Wirkt entzündungshemmend

GRÜNER-TEE-GESICHTSWASSER

Jeder weiß, wie gesund es ist, grünen Tee zu trinken. Er schützt die Zellen, wirkt antibakteriell und hält jung. Genau das tut er auch, wenn wir ihn auf die Haut auftragen. Nicht umsonst verwenden viele Beauty-Konzerne Grüntee-Extrakt für ihre Anti-Aging-Pflegeprodukte. Grüner-Tee-Gesichtswasser ist günstig herzustellen und hält sich bei kühler Lagerung eine Woche lang. Der enthaltene Apfelessig hat zusätzlich eine reinigende Wirkung und schützt den pH-Wert der Haut.

Für ca. 100 ml:

1 Teebeutel grüner Tee in Bioqualität
100 ml kochendes Wasser
1 EL Apfelessig
2 Tropfen ätherisches Bio-Zitronenöl

Zeitaufwand:
ca. 5 Minuten plus 1 Stunde Wartezeit

Den Teebeutel in einer Tasse mit dem kochenden Wasser übergießen. 10 Minuten ziehen lassen. Den Teebeutel herausnehmen und den Tee komplett abkühlen lassen.

Eine kleine Glas- oder Plastikflasche gründlich reinigen (am besten in der Geschirrspülmaschine). Den Tee einfüllen, Apfelessig und Zitronenöl hinzufügen. Verschließen und gut schütteln.

Für die Anwendung etwas Gesichtswasser auf ein Wattepad geben und das Gesicht nach der Reinigung sanft damit abreiben. Danach eincremen.

Das Gesichtswasser im Kühlschrank aufbewahren und innerhalb einer Woche verbrauchen.

FOOD PHARMACY **GRÜNER TEE**

Grüner Tee wirkt als zuverlässiger Radikalfänger und hemmt damit die Faltenbildung. Sein Teingehalt strafft die Haut, und das enthaltene Chlorophyll wirkt erfrischend und belebend. Gleichzeitig hat er eine antibakterielle Wirkung und kann so auch bei entzündlicher Haut und Akne hilfreich sein. Bereits verwendete und abgekühlte Grünteebeutel können übrigens auch als Packung auf geschwollene Augen gelegt werden.

FOOD PHARMACY **GRÜNE MINERALERDE**

Grüne Mineral- oder Tonerde entstand während der letzten Eiszeit und lagerte sich tief unter der Erdoberfläche, fernab von schädlichen Umwelteinflüssen, ab. Sie enthält einen wahren Reichtum an Mineralien und Spurenelementen. Trägt man sie auf die Haut auf, saugt sie wie ein Schwamm Schmutz, abgestorbene Hautschüppchen und überschüssiges Fett auf. Da Mineralerde die Haut austrocknen kann, sollte sie am besten mit Joghurt kombiniert werden, der die Haut während der Reinigung befeuchtet.

✓ Klärt die Haut ✓ Hilft gegen Pickel und Mitesser

GRÜNE REINIGUNGSMASKE

Mit dieser Reinigungsmaske siehst du aus wie der »Shrek«, aber nur kurz. Sobald du sie abwäschst, kommt deine geklärte und gut durchblutete Haut zum Vorschein. Denn grüne Mineralerde wirkt Wunder, wenn du deine Haut mal wieder porentief reinigen möchtest.

Für 1 Anwendung:

1 EL grüne Mineralerde*
1 EL Wasser
1 EL Bio-Ziegenjoghurt

* Bekommst du im Reformhaus, in der Apotheke oder online.

Zeitaufwand:
ca. 5 Minuten

Alle Zutaten in einer Schüssel glatt miteinander vermischen. Auf die zuvor gereinigte Haut von Gesicht, Hals und Dekolleté auftragen (Augenpartie und Mund aussparen) und ca. 15 Minuten einwirken lassen. Mit warmem Wasser abspülen.

Spendet Feuchtigkeit   Beruhigt gereizte Haut

AFTER-SUN-GESICHTSMASKE

Ein bisschen zu ausgiebig die Sonne genossen? Diese Maske ist das passende Gegenmittel. Gurke und Aloe-vera-Gel beruhigen und kühlen die Haut, während Honig und Avocado sie befeuchten und nähren.

Für ca. 2 Anwendungen:

4 Gurkenscheiben à 1 cm Dicke, gewürfelt
2 EL Aloe-vera-Gel*
2 EL Honig
ca. 2 EL Avocadofruchtfleisch

* Bekommst du in der Apotheke oder im Drogeriemarkt.

Zeitaufwand:
ca. 5 Minuten

Alle Zutaten miteinander in der Küchenmaschine pürieren. Auf die gereinigte Haut von Gesicht, Hals und Dekolleté auftragen und 15 Minuten einwirken lassen. Mit Wasser abspülen.

Die Gesichtsmaske in einem verschlossenen Gefäß im Kühlschrank aufbewahren und innerhalb von 3 Tagen verbrauchen.

Stärkt den natürlichen UV-Schutz der Haut

Sorgt für einen strahlenden Teint

KAROTTENMASKE

Diese Maske wirkt reinigend und aufbauend. Ganz besonders eignet sie sich für die Sommermonate, in denen die Haut vermehrt der Sonne ausgesetzt ist. Denn das in Karotten enthaltene Beta-Carotin stärkt den Schutzschild der Haut und macht sie unempfindlicher gegenüber schädigenden UV-Strahlen.

Den Karottensaft mit Mineralerde anmischen, bis eine cremige Konsistenz entsteht. Auf die gewaschene Haut von Gesicht, Hals und Dekolleté auftragen, 15 Minuten einwirken lassen und mit klarem Wasser abspülen.

Für 1 Anwendung:

1 große Karotte, entsaftet
1–2 EL weiße Mineralerde*

* Bekommst du im Reformhaus, in der Apotheke oder online.

Zeitaufwand:
ca. 5 Minuten

FOOD PHARMACY **KAROTTEN**

Das Beta-Carotin in Karotten verlängert nicht nur die Eigenschutzzeit der Haut gegenüber UV-Strahlen, sondern kann auch einen positiven Einfluss auf Sonnenallergien nehmen. Zudem verbessert es das Hautbild und wirkt dem Alterungsprozess und der Faltenbildung entgegen.

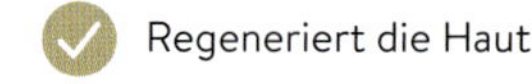

ANTI-AGING-SERUM

Nachtkerzen-, Jojoba- und Ylang-Ylang-Öl bilden ein kraftvolles Trio, das die Haut glättet, gut befeuchtet und die Bildung neuer Hautzellen unterstützt. Die Trägeröle ziehen schnell ein und wirken regulierend auf alle Hauttypen. Ätherisches Ylang-Ylang-Öl ist ein wirkungsvolles Anti-Aging-Mittel, da es die Struktur der Haut verbessert und gleichzeitig die Sexualhormone stimuliert. Na ja, und wer sexy ist, der ist in der Regel auch schön, oder etwa nicht?

Für 80 ml:

3 Vitamin-E-Kapseln*
30 ml Nachtkerzenöl
50 ml Jojobaöl
10 Tropfen ätherisches Ylang-Ylang-Öl

* Bekommst du in der Apotheke.

Zeitaufwand:
ca. 10 Minuten

Die Vitamin-E-Kapseln mit einer Nadel aufstechen und zusammen mit den anderen Zutaten in einer kleinen Glasflasche vermischen und gut schütteln. Morgens und abends nach der Reinigung ein paar Tropfen in die Haut von Gesicht, Hals und Dekolleté einmassieren.

Das Serum hält sich in kühler und dunkler Umgebung ca. 3 Monate.

WELLCUISINE-TIPP: Düfte sind ja bekanntlich Geschmackssache. Für den Fall, dass dir der Geruch von Ylang-Ylang-Öl nicht gefällt, kannst du es durch ätherisches Rosenöl ersetzen. Rosenöl befeuchtet die Haut und wirkt entzündungshemmend.

FOOD PHARMACY **NACHTKERZENÖL**

Nachtkerzenöl wirkt stark entzündungshemmend und enthält viele essenzielle Fettsäuren, die sich positiv auf das Hautbild auswirken. Seiner antioxidativen Wirkung ist es zu verdanken, dass Schädigungen der Haut vermieden oder beseitigt werden, so dass sie glatter und jünger aussieht. Auch auf die Hormone hat das Öl einen regulierenden Einfluss, und so wird Frauen, die in den Tagen vor der Periode Schmerzen in der Brust haben, empfohlen, die Brüste in jener Zeit täglich mit Nachtkerzenöl einzureiben. Generell hat Nachtkerzenöl bei regelmäßiger Anwendung eine straffende Wirkung auf die weibliche Brust.

Reinigt sanft
Verbessert die Durchblutung der Haut

MANDELWASCHPASTE FÜRS GESICHT

Diese Waschpaste ist denkbar schnell zusammengemischt und hat durch die gemahlenen Mandeln einen leichten Peelingeffekt. Weiße Mineralerde und Kokosöl reinigen sanft, ohne auszutrocknen, und erhalten dabei das gesunde Hautmilieu.

Für mehrere Anwendungen:

4 EL gemahlene Mandeln
1 EL weiße Mineralerde*
1 EL natives Kokosöl, geschmolzen

* Bekommst du im Reformhaus, in der Apotheke oder online.

Zeitaufwand:
ca. 5 Minuten

Alle Zutaten miteinander vermischen und in ein Schraubglas mit Deckel füllen. Pro Gesichtswäsche ca. 1 TL der Paste mit etwas Wasser zwischen den Handflächen verreiben und Gesicht und Hals mit kreisenden Bewegungen reinigen. Mit reichlich klarem Wasser abwaschen.

Befeuchtet die Haut   Sorgt für einen rosigen Teint

SANFTES HAFER-SOJA-PEELING

Die äußerliche Anwendung von Soja erhöht den Hyaluronsäuregehalt der Haut. Hyaluronsäure bindet Feuchtigkeit und lässt die Haut prall und jugendlich aussehen. Gemahlene Haferflocken entfernen abgestorbene Hautschüppchen auf sanfte Weise und verhelfen zu einem frischen Teint.

Für mehrere Anwendungen:

40 g Haferflocken, Feinblatt
50 ml ungesüßte Sojamilch
1 EL Honig

Zeitaufwand:
ca. 10 Minuten

Die Haferflocken in der Küchenmaschine mahlen und mit Sojamilch und Honig vermischen. Ein Schraubglas mit kochendem Wasser ausspülen und das Peeling hineinfüllen. Vor der Verwendung 5 Minuten eindicken lassen.

Eine esslöffelgroße Menge des Peelings zwischen den Händen verreiben und in die gereinigte Haut von Gesicht, Hals und Dekolleté einmassieren. Mit warmem Wasser abwaschen.

Das Peeling sollte im Kühlschrank aufbewahrt und innerhalb von 1 Woche verbraucht werden.

MOUSSE-AU-CHOCOLAT-GESICHTSMASKE

Hast du schon mal deine Finger abgeleckt, nachdem du eine Maske auf deinem Gesicht verteilt hast? Nein? Dann machst du es eben jetzt zum ersten Mal. Denn diese Packung ist der Inbegriff gesunder Körperpflege: Sie tut der Haut gut und besteht aus Zutaten, die ohne weiteres gegessen werden könnten.

Das Avocadomus mit Kakaopulver und Honig vermischen. Auf die gewaschene Haut von Gesicht, Hals und Dekolleté auftragen und 15 Minuten einwirken lassen. Mit reichlich lauwarmem Wasser abspülen.

Für 1 Anwendung:

1/2 Avocado, geschält, entkernt und mit der Gabel fein zerdrückt
1 EL rohes Kakaopulver, ungesüßt
1 TL Bio-Honig

Zeitaufwand:
ca. 5 Minuten

FOOD PHARMACY **KAKAO**

Kakao ist unsere Lieblingszutat in Süßigkeiten, er ist aber auch einer der wirksamsten Stoffe, wenn es um den Schutz unserer Hautzellen geht. Die Catechine im Kakao blockieren die Faltenbildung und wirken aufbauend. Die Haut wird besser durchfeuchtet und optimal mit Sauerstoff versorgt. Der Kakao schützt die Hautzellen vor Schädigungen durch UV-Strahlen, und der in ihm enthaltene Schwefel macht die Haut kräftig und widerstandsfähig.

Glättet die Haut · Stimuliert die Erneuerung der Hautzellen

HAUTSTRAFFENDE GESICHTSMASKE

Vielleicht geht es dir so wie mir, und du bist eigentlich zu faul, deine Gesichtsmaske mit einem Handrührgerät steif zu schlagen? Aber ich verspreche dir: Es lohnt sich. Das Gefühl des zarten weißen Schaums auf der Haut ist wunderbar luxuriös, und die Maske lässt sich perfekt verteilen. Wirksam ist so ein frisches Eiweiß sowieso: Denn es strafft die Haut, verkleinert die Poren und klärt Mitesser.

Für 2 Anwendungen:

Eiweiß von 1 Bio-Ei
1 TL frisch gepresster Zitronensaft
1 TL Honig

Zeitaufwand:
ca. 5 Minuten

Alle Zutaten in eine Schüssel geben und mit dem Handrührgerät steif schlagen. Auf die gereinigte Haut von Gesicht, Hals und Dekolleté auftragen und 10 Minuten einwirken lassen. Mit klarem Wasser abspülen.

Wirkt zellschützend   Verjüngt die Haut

REGENERATIONS-GESICHTSMASKE

Die sekundären Pflanzenwirkstoffe namens Anthocyane, die den Blaubeeren ihre Farbe verleihen, sind starke Antioxidanzien, die die Haut schützen und jung erhalten. Außerdem enthalten Blaubeeren noch Vitamin C, das den Kollagenaufbau der Haut unterstützt und sie elastischer macht.

Die Haferflocken in der Küchenmaschine zu Mehl verarbeiten (oder gleich Hafermehl benutzen). Blaubeeren und Honig hinzufügen und alles zu einer Paste pürieren.

Auf die gereinigte Haut von Gesicht, Hals und Dekolleté auftragen, 15 Minuten einwirken lassen. Anschließend mit leicht kreisenden Bewegungen mit warmem Wasser abwaschen.

Für 2 Anwendungen:

4 EL Haferflocken (alternativ: Hafermehl)
2 EL Blaubeeren
2 TL Bio-Honig

Zeitaufwand:
ca. 5 Minuten

Macht die Haut seidig weich

Regt die Durchblutung an

ZITRONEN-ROSMARIN-KÖRPERPEELING

Dieses ölige Körperpeeling hat einen maximalen Effekt auf die Haut: Es macht sie rosig zart und seidig weich. Salzkristalle lösen alte Hautschüppchen, Zitrone strafft die Haut, Rosmarin sorgt für eine optimale Durchblutung, und Olivenöl macht sie geschmeidig. Ich benutze das Peeling mindestens einmal pro Woche und vermeide dadurch, dass rauhe und trockene Hautstellen überhaupt erst entstehen.

Für 1 Anwendung:

100 g Salz
3 EL Olivenöl
1 EL frisch gepresster Zitronensaft
abgeriebene Schale von
1 Bio-Zitrone
1 EL fein gehackter Rosmarin
5 Tropfen ätherisches
Bio-Rosmarinöl

Zeitaufwand:
ca. 5 Minuten

Alle Zutaten in einer kleinen Schüssel vermischen. Die trockene Haut in der Dusche oder der Badewanne mit kreisenden Bewegungen mit dem Peeling einreiben. Kurz einwirken lassen, dann gründlich mit Wasser abspülen und mit einem Handtuch sanft trocken tupfen.

FOOD PHARMACY **ROSMARIN**

Rosmarin und sein ätherisches Öl wirken wie eine Verjüngungskur auf die Haut, da sie den Sauerstofftransport in die Hautzellen anregen und dadurch eine vorzeitige Hautalterung unterbinden. Auch Cellulite kann durch das regelmäßige Massieren mit Rosmarin-Peeling und seine durchblutungsfördernde Wirkung positiv beeinflusst werden. Bei unreiner Haut beruhigt Rosmarin und hilft, den natürlichen pH-Wert der Haut wiederherzustellen.

 Spendet Feuchtigkeit  Strafft die Haut

OLIVEN-KOKOS-KÖRPERBUTTER

Diese fluffig aufgeschlagene Körperbutter ist ein echter Luxus für die Haut. Sie befeuchtet, beugt trockenen Hautstellen vor, wirkt antibakteriell und duftet wunderbar.

Für mehrere Anwendungen:

200 g natives Kokosöl, Zimmertemperatur
3 EL Olivenöl
15 Tropfen ätherisches Rosenöl (alternativ: ätherisches Rosmarinöl)

Zeitaufwand:
ca. 10 Minuten

Das Kokosöl sollte vor der Zubereitung eine cremig-feste Konsistenz haben. Ist der Raum zu warm und das Öl flüssig, sollte es vor der Verwendung ca. 20–30 Minuten in den Kühlschrank gestellt werden, bis es fester geworden ist.

Alle Zutaten in eine Schüssel geben und mit dem elektrischen Handmixer ca. 5 Minuten mixen, bis eine luftige Konsistenz entsteht, die an Schlagsahne erinnert.

Die Körperbutter in ein sauberes Schraubglas füllen und gut verschließen. Bei Zimmertemperatur aufbewahren. Ist es zu warm, wird die Butter schmelzen. In diesem Fall im Kühlschrank aufbewahren.

WELLCUISINE-PFLEGETIPPS MIT **KOKOSÖL**

Kokosöl zum Abschminken: Zimmerwarmes Kokosöl auf einen Wattebausch oder ein Kosmetiktuch geben und damit sanft Wimperntusche und Make-up entfernen.

Kokosöl für hautschonendes Rasieren: Eine großzügige Portion Kokosöl auf der Haut (zum Beispiel den Beinen) verreiben, dann rasieren. So wird die Haut geschont und vor dem Austrocknen bewahrt.

Kokosöl für trockenes Haar und irritierte Kopfhaut: Kokosöl kann über Nacht in trockene Haarspitzen einmassiert werden und spendet so Elastizität und neuen Glanz. Bei irritierter und schuppiger Kopfhaut 1 Esslöffel Kokosöl in die Kopfhaut einmassieren, am besten über Nacht einwirken lassen und am nächsten Tag mit einem milden Shampoo auswaschen.

Kräftigt das Haar · Spendet Feuchtigkeit

BANANEN-KOKOS-HAARKUR

Trockenes, glanzloses Haar profitiert von den pflegenden Eigenschaften der Banane, die die Haarstruktur kräftigt und gleichzeitig elastischer macht. Kokosmilch und Kokosöl spenden Feuchtigkeit und beruhigen trockene oder schuppige Kopfhaut.

Alle Zutaten im Standmixer oder in der Küchenmaschine miteinander pürieren, bis eine glatte Creme entsteht. Es sollten keine Bananenstückchen übrig bleiben. Falls der Mixer nicht stark genug ist, das Püree durch ein Sieb streichen.

Auf die trockenen Haare auftragen und in Haar und Kopfhaut einmassieren. 10 Minuten einwirken lassen, dann ausspülen. Anschließend die Haare 1- bis 2-mal shampoonieren und einen leichten Conditioner benutzen.

Für 1 Anwendung:

1 reife Banane
2 EL Kokosmilch
2 EL natives Kokosöl, geschmolzen

Zeitaufwand:
ca. 5 Minuten

Stimuliert den Haarwuchs

Vitalisiert die Kopfhaut

KAFFEE-KOPFHAUTSPÜLUNG FÜR VOLLES HAAR

Kaffee stimuliert die Zellen der Kopfhaut. Sein Koffein macht ruhende Haarfollikel wieder jugendlich aktiv und regt das Haarwachstum an. Für eine sichtbare Wirkung sollte die Spülung für einige Wochen oder sogar Monate vor jeder Wäsche angewendet und in die Kopfhaut einmassiert werden.

Für 1 Anwendung:

1 Tasse frisch gebrühter Kaffee

Zeitaufwand:
ca. 5 Minuten plus Abkühlzeit

Den Kaffee abkühlen lassen. Vor der Wäsche Haar und Kopfhaut mit dem Kaffee spülen und 2–5 Minuten einwirken lassen. Dann das Haar mit Shampoo waschen und Conditioner benutzen.

WELLCUISINE-TIPP: Bei gefärbten oder blondierten Haaren sollte die Kaffeespülung zuerst an einer unauffälligen Strähne getestet werden, um unschöne Verfärbungen zu vermeiden.

Intensiviert die Haarfarbe

Macht das Haar fülliger

WARME ROSMARINÖL-HAARKUR

Dass sich Olivenöl positiv auf Gesundheit und Geschmeidigkeit des Haars auswirkt, ist seit der Antike bekannt. Etwas weniger bekannt ist der Fakt, dass ätherisches Rosmarinöl ein effektives Mittel für Haarwachstum ist und eine verblichene Haarfarbe wieder kräftiger werden lässt. Zusammen sind Oliven- und Rosmarinöl ein Dream-Team für belebtes und fülligeres Haar, und wenn man sie in leicht erwärmter Form aufträgt, wird diese Wirkung noch intensiviert.

Das Olivenöl in einen kleinen Topf geben und leicht erwärmen. Mit der Hand prüfen, ob das Öl die richtige Temperatur hat, dann das Rosmarinöl untermischen. Die Ölmischung über dem Waschbecken oder der Badewanne kopfüber über Haar und Kopfhaut gießen und ca. 2 Minuten gut einmassieren. Eine Duschhaube über das Haar ziehen und 30 Minuten einwirken lassen. Anschließend die Haare 2-mal gründlich mit einem milden Shampoo waschen und einen leichten Conditioner benutzen.

Für 1 Anwendung:

200 ml Olivenöl
15 Tropfen ätherisches Rosmarinöl

Zeitaufwand:
ca. 5 Minuten

Regt den Haarwuchs an

Beruhigt juckende und schuppende Kopfhaut

APFELESSIG FÜR GLÄNZENDES HAAR UND GESUNDE KOPFHAUT

Apfelessig ist die Geheimwaffe, wenn dein Haar stumpf ist und die Kopfhaut juckt und schuppt. Denn er reguliert den Säureschutzmantel der Haut und schließt die Schuppenschicht der Haare. Ganz nebenbei regt er noch das Haarwachstum an und lässt die Haarfarbe intensiver strahlen.

ANTI-SCHUPPEN-KUR *(für 1 Anwendung):*

2 EL Apfelessig
2 EL Wasser
2 EL Olivenöl
1 EL Honig

Zeitaufwand:
ca. 5 Minuten

Alle Zutaten in einer kleinen Schüssel miteinander vermengen und ins trockene Haar und in die Kopfhaut einmassieren. 20 Minuten einwirken lassen. Ausspülen und das Haar mit einem milden Shampoo waschen.

GLANZSPÜLUNG *(für 1 Anwendung):*

5 EL Apfelessig
1 Glas Wasser

Zeitaufwand:
ca. 5 Minuten

Apfelessig in ein Glas Wasser einrühren und nach dem Waschen kopfüber über die Haare gießen. Darauf achten, dass dabei nichts von dem Essigwasser in die Augen gerät. Mit den Händen gut in Haar und Kopfhaut einmassieren, 2 Minuten einwirken lassen und mit kaltem Wasser ausspülen.

WELLCUISINE-TIPP: Mache eine pH-Kur für Kopfhaut und Haar, indem du ein mildes Shampoo mit 2 Teelöffeln Natron (aus der Apotheke) mischst und damit dein Haar wäschst. Dann nutze einen Conditioner und im Anschluss die Glanzspülung (Rezept links). Der Effekt: Dein Haar wird von sämtlichen Pflegerückständen befreit, fällt wieder locker, wirkt voluminös und glänzt seidig.

FOOD PHARMACY **APFELESSIG**

Apfelessig ist reich an Polyphenolen (sekundären Pflanzenstoffen), die das Haarwachstum anregen. Bei regelmäßiger Anwendung kann Apfelessig das Haar heller und strahlender machen (bei gefärbtem Haar sollte die Anwendung deshalb besser erst an einer unauffälligen Strähne getestet werden). Apfelessig wirkt beruhigend auf schuppige Kopfhaut und macht das Haar glänzend, indem er die Schuppenschicht schließt.

REGISTER

AUTORIN&FOTOGRAF

STEFANIE REEB

Stefanie Reeb ist leidenschaftliche Köchin, Foodbloggerin und ganzheitliche Ernährungsberaterin. Wegen zahlreicher Lebensmittelunverträglichkeiten in ihrer Jugend beschäftigte sie sich schon früh mit gesunder Ernährung und entwickelt seitdem leckere Rezepte, die Körper und Seele guttun. In ihrem Ernährungs- und Lifestylekonzept »Wellcuisine« verbindet sie ihr fundiertes Wissen und ihre Leidenschaft für gutes Essen zu einer neuen, umfassenden Sicht auf Ernährung und Gesundheit. Auf ihrem Foodblog **www.wellcuisine.net** veröffentlicht sie wöchentlich gesunde und leckere Rezepte und Wellnesstipps. In ihren Büchern schreibt sie über eine natürliche Ernährung mit einer Extraportion Genuss.

THOMAS LEININGER

Thomas Leininger ist Diplom-Fotodesigner und Journalist und seit 1996 selbständig. Der Sohn eines Imkers war Barkeeper, Schichtarbeiter und Zeitungsredakteur, bevor er als Fotograf bekannt wurde und zahlreiche Preise gewann. Die Lust zu entdecken und die Suche nach wahrer Schönheit prägen seine Arbeit – in Bildern, die berühren und Bestand haben. **www.leiningerfotografie.de**

Wellcuisine findest du auch im Internet unter **www.wellcuisine.net.**

WEITERE PUBLIKATIONEN VON STEFANIE REEB UND THOMAS LEININGER

SÜSS & GESUND WEIHNACHTEN
Knaur Balance

WELLCUISINE
Genießen, was gesund und glücklich macht
Knaur Balance

SÜSS & GESUND
Backen ohne Zucker, Laktose, Eier und Weizen
Knaur Balance

ICH, LILLY
Vom Glück, ein Hund zu sein, und was meine Menschen von mir lernen können
Knaur Taschenbuch

DANKE …

… an Thomas, der nicht nur die wunderbaren Bilder für dieses Buch gemacht hat, sondern auch alle Rezepte testessen musste und sich sogar dazu überreden ließ, die eine oder andere Gesichtsmaske auszuprobieren ;–); an meine Mutter und an Thomas' Familie für ihre Begeisterung für das, was wir tun; an meine wunderbaren Testkocher, die mir das Leben so sehr erleichtert haben: Ling Ling, Petra und Max Maendler, Matthias Seiberlich, Daniela Aschmann, Jutta Leininger, Christel Leininger-Sänger, Julia Schäfer und Martin Steinacker; an das Team bei Droemer Knaur und ganz besonders an meine Lektorin Silvia Vrablecova; danke an Mark von Livingdreams Mallorca, dafür, dass wir in seinem Garten fotografieren durften; und danke an dich, meine liebe Leserin, mein lieber Leser, dieses Buch ist für dich, und es freut mich sehr, dass du es liest. Danke.

Besuchen Sie uns im Internet:

www.knaur-balance.de

Originalausgabe 2017

Umschlaggestaltung: Stefanie Reeb
Umschlagabbildung: Thomas Leininger
Food- und Propstyling: Stefanie Reeb
Fotografien: Thomas Leininger
Layout und Satz: Stefanie Reeb
Redaktion: Désirée Schoen
Druck und Bindung: Appl, Wemding
Printed in Germany
ISBN 978-3-426-67512-0

5 4 3 2 1